Voelpel / Fischer
Mentale, emotionale und
körperliche Fitness

Die Autoren

Professor Dr. Sven C. Voelpel

Sven C. Voelpel ist Professor für Betriebswirtschaft an der Jacobs University Bremen und Gründungsdirektor des WDN – WISE Demographie Netzwerks. Er berät Hidden Champions und Konzerne wie Daimler, Deutsche Bahn, Deutsche Bank, Otto und Volkswagen. Derzeit beschäftigt er sich insbesondere mit der Effektivität von Führung und mit lebenslanger Fitness für Höchstleister.

www.svenvoelpel.com
svoelpel@post.harvard.edu

Anke Fischer

hat viele journalistische Artikel sowie zahlreiche Sachbücher als freie Autorin veröffentlicht, sie entwickelt Buchkonzepte und editiert Publikationen für Verlage und wissenschaftliche Einrichtungen. Daneben lehrt sie das Thema Schreiben an Hochschulen und verschiedenen Institutionen.

www.anke-fischer.de
info@anke-fischer.de

Mentale, emotionale und körperliche Fitness

Wie man dauerhaft leistungsfähig bleibt

von Sven Voelpel und
Anke Fischer

 PUBLICIS

Die Deutsche Nationalbibliothek verzeichnet diese Publikation in
der Deutschen Nationalbibliografie; detaillierte bibliografische Daten
sind im Internet über http://dnb.d-nb.de abrufbar.

www.publicis-books.de

Lektorat: Dr. Gerhard Seitfudem
gerhard.seitfudem@publicis.de

Print ISBN: 978-3-89578-450-7
ePDF ISBN: 978-3-89578-922-9
ePub ISBN: 978-3-89578-725-6
mobi ISBN: 978-3-89578-824-6

Verlag: Publicis Publishing, Erlangen
© 2015 by Publicis Erlangen, Zweigniederlassung der PWW GmbH

Printed in Germany

Wir haben Fitness nicht gelernt

Fitness ist wichtig. Für Mitarbeiter, die Unternehmen, die Wirtschaft und die Gesellschaft.

Aber viele tun sich schwer damit, ihr Verhalten und ihren Lebensstil entsprechend auszurichten. Fakt ist: Wir haben Fitness nicht gelernt. Unser Bildungssystem ist primär auf die Vermittlung von Wissen ausgelegt, die Vermittlung von Fitness spielt eine untergeordnete Rolle. Selbst die vielen Bücher, die es dazu gibt, packen das Thema meist nur von einer Seite an: Wie mache ich mich körperlich fit? Wie bleibe ich körperlich fit?

Hier kommt dieses Buch ins Spiel. Sven Voelpel und Anke Fischer verfolgen einen umfassenden Ansatz. Wirklich gut geht es Menschen nur, wenn sie rundum fit sind: körperlich, emotional und mental. Erst die emotionale und mentale Fitness machen es möglich, dass deren Umgebung – Kollegen, Geschäftspartner, Familienmitglieder – von ihrem positiven Zustand profitieren. Und nur wenn die Fitness rundum stimmt, können die „Fitten" immer wieder positive Impulse ihrer Umgebung aufnehmen, ohne dass persönliche Barrieren dies verhindern.

Diese ganzheitliche Sichtweise der Fitness stand auch in zahlreichen gemeinsamen Forschungsprojekten der letzten Jahre mit Sven Voelpel, Anke Fischer und der Bundesagentur für Arbeit im Vordergrund.

Unsere Wirtschaft ist dringend auf Fitness angewiesen: Menschen müssen härter arbeiten, viele haben längere und intensivere Wochenarbeitszeiten als früher, das zunehmende Altern unserer Gesellschaft führt dazu, dass Menschen im Durchschnitt länger berufstätig sein werden als jetzt. Digitale Medien sorgen dafür, dass Erholungsphasen kürzer werden, dass wir ständig auf Empfang stehen und unendlich viele Kontakte mit anderen Menschen managen müssen. All diese Faktoren machen uns empfänglich für stressbedingte Krankheiten, vom Rückenleiden über Herz-Kreislauf-Erkrankungen bis zu Burnout und Depression. Dem gilt es entgegenzuwirken. Wenn wir mental und emotional gesund sind, können wir berufliche Problemstellungen leichter bewältigen und mit anderen Menschen objektiver, fairer, zielgerichteter und entspannter umgehen. Wenn wir körperlich gesund sind, halten wir den kurz- und langfristigen Anforderungen – langes und unregelmäßiges Arbeiten, lange Phasen hoher Konzentration, zu wenige Erholungsphasen, permanentes Sitzen oder Stehen, unregelmäßige und ungesunde Ernährung – deutlich besser stand.

Unternehmen mit fitten Mitarbeitern werden die Anforderungen der Zukunft besser meistern als andere. Sie werden leistungsfähiger, kreativer, kommunikativer, sozialer und erfolgreicher sein als andere. Sie werden bessere und zufriedenere Mitarbeiter haben und bessere Mitarbeiter gewinnen.

Insofern richtet sich dieses Buch an Mitarbeitende und Unternehmen, vertreten durch ihre Führungskräfte, HR-Manager und deren Berater und Coachs.

Meines Wissens ist es das erste Buch, das die fitnessrelevanten Faktoren von Körper und Geist ganz praktisch in dieser Form betrachtet, so dass wahrscheinlich fast jeder davon profitieren kann. Man kann dem Buch mit diesem Inhalt nur Erfolg wünschen, im Sinne unserer Wirtschaft, der Berufstätigen und ihrer Familien, für die neben der körperlichen insbesondere die emotionale Fitness eine wesentliche Rolle spielt.

Frank-Jürgen Weise,
Bundesagentur für Arbeit
Vorsitzender des Vorstands

Fitness bekommt man nicht umsonst

Immer wieder werden wir im Sport mit dem Thema „Fitness" konfrontiert. Anliegen jedes Vereins muss es sein, seine Spieler fit zu halten. Was uns gleich ins Auge fällt, ist natürlich die körperliche Fitness. Kranke oder verletzte Sportler sind nicht leistungsfähig genug, um auf hohem Niveau mit anderen mitzuhalten – im Fußball genauso wie in allen anderen Sportarten. Was wir nicht sehen, worüber man aber immer wieder spekuliert, sind die mentale und die psychische Komponente von Fitness: Wie sieht es mit der Motivation aus? Können der Sportler oder die Sportlerin ihre körperliche Leistungsfähigkeit „abrufen"? Sind sie anfällig für Verletzungen oder Krankheiten? Können sie sich hundertprozentig auf ihre Aufgabe konzentrieren? Sind sie in der Lage, sich im Training voll einzubringen? Sind sie offen für neue Ideen und Methoden? Können sie frei von psychischen Barrieren mit anderen kommunizieren – im Training, in der Freizeit und im Wettkampf?

Der Ansatz dieses Buches muss eigentlich jedem gefallen, denn, bei allen Details, die im Buch vermittelt werden, geht es letztlich um das System Mensch, das auf die Dauer nur gesund und leistungsfähig ist, wenn alle Komponenten der Fitness miteinander harmonieren. Das betrifft nicht nur die Höchstleister unter uns – Leistungssportler, Führungskräfte oder Menschen mit besonders anstrengenden Berufen, sondern auch alle anderen: Ärzte, Juristen, Architekten, Menschen in der Industrie, in Dienstleistung und Handel, im öffentlichen Dienst. Oder, um es in den Kategorien eines großen Fußballclubs auszudrücken: Körperliche, mentale und psychische Fitness ist ein Thema für unsere Spieler, Mitarbeiter und für unsere Fans.

Auch für Organisationen ist die systemische Fitness relevant: Die Struktur muss stimmen, die Strategie und die Motivation.

Leider bekommt man Fitness nicht umsonst. Man muss daran arbeiten, sich dafür engagieren. Als Wegweiser zur Fitness, als Menü dient dieses Buch. Wir müssen die Speisen nur noch aussuchen und für unsere Bedürfnisse richtig kombinieren.

Dauerhafte Gesundheit, Leistungsfähigkeit, Zufriedenheit und Glück – das wünsche ich allen Lesern dieses Buchs.

Klaus Filbry,
SV Werder Bremen
Vorsitzender der Geschäftsführung

Es geht um den Mensch, die Umwelt und unser Zusammenleben

Es gibt viele gesellschaftliche Entwicklungen, die sich zunehmend deutlich auf unser Leben und das Zusammenleben auswirken. Jeder von uns spürt sie. Dazu gehören der hohe Grad an Arbeitsteilung und Spezialisierung ebenso wie die technologische Entwicklung mit der globalen Vernetzung der Informations- und Kommunikationswege. Die Folgen sind oft eine sehr hohe Arbeitsdichte, lebenslanges Lernen und hohe Fluktuation. Der Wandel ist allgegenwärtig. Von besonderer Bedeutung für diese Veränderungsprozesse sind deren Reflektion, Beherrschung und Steuerung. Das gilt für jeden von uns im Selbstmanagement, aber in potenziertem Maße für Menschen mit Führungsverantwortung. Voraussetzung dafür sind körperliche, mentale und emotionale Fitness.

Gesund sein und gesund bleiben, das ist nicht selbstverständlich. Dafür persönlich und gesellschaftlich zu investieren ist nicht nur lohnenswert für jeden Menschen, sondern eine grundlegende Voraussetzung für die weitere positive Entwicklung unserer Gesellschaft. Dabei geht es nicht nur um das Erkennen und Behandeln von Krankheiten im klassischen Sinne. Nein, der Ansatz muss ganzheitlich den Menschen, die Umwelt und das Zusammenleben der Menschen einbeziehen, die psychosoziale Gesundheit. Nefiodow sieht in diesem Bereich die größten Produktivitätsreserven in unserer Gesellschaft.

Die Autoren des Buches gehen noch ein Stück weiter und nehmen Menschen in den Fokus, die durch ihre Aufgaben überdurchschnittlich gefordert sind und regelmäßig Höchstleistungen bringen müssen. Gerade im Bereich des Krankenhausmanagements, der Medizin und Pflege sind die Anforderungen an die dort aktiven Menschen sehr hoch. Die Arbeitsdichte hat erheblich zugenommen und die Komplexität der Strukturen und Prozesse stellt hohe Anforderungen an den einzelnen Mitarbeiter und besonders an die Führungskräfte.

Verstärkt werden diese Anforderungen noch durch die Altersentwicklung in unserer Gesellschaft, die sich auf die Zusammensetzung der zu behandelnden Patienten auswirkt. Aber auch das Durchschnittsalter der Mitarbeiter steigt. Darauf müssen sich die Führung und Organisation einstellen, genauso wie der einzelne Mitarbeiter. Auch aus dieser Perspektive ist es für den einzelnen Menschen und für die Organisation sinnvoll, ja notwendig, dass wir Hilfestellungen geben, um auch im höheren Alter fit zu bleiben.

Insofern sind Beiträge wie dieses Buch außerordentlich zu begrüßen. Sie geben jedem von uns fundiertes Wissen und vielseitige Anregungen für das Selbstmanagement für mehr Fitness im ganzheitlichen und nachhaltigen Sinne. Es ist aber auch eine sehr gute Grundlage für entsprechende Förderprogramme für Institutionen und Organisationen. Es möge reichlich genutzt und eingesetzt werden.

Heinz Kölking
Geschäftsführer der Residenz Kiniken GmbH
Präsident der Europäischen Vereinigung
der Krankenhausdirektoren EVKD

Inhaltsverzeichnis

1 Fitness – ein uraltes Thema

Bereits die altindischen Denker wussten vor 2400 Jahren, dass ein langes Leben nur durch gute Ernährung, körperliche Betätigung und ein maßvolles Leben erreicht werden kann. Sie rieten deshalb zu Sport, Schlaf und sexueller Betätigung, um den Körper fit zu halten. Der griechische Arzt Galenos beschrieb in der Mitte des 2. Jahrhunderts sechs entscheidende Bereiche, auf die der Mensch zu achten habe: Licht und Luft, Speise und Trank, Arbeit und Ruhe, Schlaf und Wachen, Absonderungen und Ausscheidungen, Anregungen des Gemüts. Seine Erkenntnisse auf medizinischem Gebiet hielten sich mehrere Jahrhunderte und erfuhren in der Renaissance eine Wiederbelebung. André du Laurens stellte 1597 die These auf, dass körperliche und geistige Faktoren wie etwa der extreme Müßiggang den Alterungsprozess beschleunigen. Andrew Boorde veröffentlichte bereits 1547 einen Ratgeber über Ernährung und Bewegung.

Seit dem 20. Jahrhundert werden ständig neue Erkenntnisse über die Faktoren für ein gesundheitsbewusstes Leben publiziert. Jährlich kommen neue Ratgeber auf den Markt. Werden in den einen makrobiotische oder blutgruppengerechte Ernährung propagiert, erklären andere, dass man im Schlaf abnehmen könne. Die Vielfalt der Möglichkeiten scheint verwirrend. Doch nicht jedem Ratgeber liegen fundierte wissenschaftliche Ergebnisse zugrunde. Während die Verbraucher auf Tipps, Diäten und leichte Wege hoffen, um zum Idealgewicht zu gelangen, stellen sie die beiden wichtigsten Indikatoren für ein gesundes Leben, nämlich Ernährung und Bewegung, hintenan.

Der Umgang mit der Gesundheit zeigt sich in Zahlen: In Deutschland ist über die Hälfte der Erwachsenen übergewichtig, jeder fünfte adipös, was bedeutet, dass er vom Normalgewicht abweicht und seine erhöhte Körpermasse vor allem aus Fett besteht.[1] So haben beispielsweise der Bauchumfang und das Bauchfett in den letzten Jahren extrem zugenommen.

Außerdem wird sich zu wenig bewegt. Jeder zweite Deutsche treibt keinen Sport. Rückenbeschwerden, Schlafstörungen und Übergewicht sind die Folge. Epidemiologische Studien belegen, dass 60 Prozent aller weltweiten Todesfälle durch Krankheiten verursacht werden, die auf individuelle Verhaltensweisen wie Bewegungsmangel, Rauchen und Übergewicht zurückgehen.[2]

Dabei reicht es schon aus, zweimal pro Woche Sport zu treiben. Wer sich täglich 20 Minuten intensiv bewegt, senkt das Risiko, einen Schlaganfall zu erleiden, sogar um 57 Prozent.[3]

Gesunde Ernährung und Bewegung beeinflussen außerdem die Denkleistung des Gehirns. Ein mit Sauerstoff und Wasser versorgtes Gehirn kann besser und intensiver arbeiten. Auch die Plastizität des Gehirns, also die Veränderung bis hin zum Wachstum, scheint untrennbar mit Ernährung und Bewegung gekoppelt zu sein.

Höchstleistungen kann der Mensch nur dann über einen längeren Zeitraum vollbringen, wenn er sein Verhalten auf drei Säulen stützt:

- Ernährung
- Bewegung
- Mentale Fitness

Werden diese drei Säulen ausreichend gefestigt und genährt, ist der Mensch bis an sein Lebensende zu Höchstleistungen fähig.

Gesundheitsfördernde Faktoren nach Grossarth-Maticek[4]

Eine Langzeitstudie an 31 000 Menschen fand heraus, dass die folgenden Punkte den Ausschlag geben für ein langes gesundes Leben.

- Gesunde Ernährung
- Regelmäßige Bewegung
- Kein Suchtverhalten
- Gute soziale Integration
- Guter Schlaf und Erholung
- Positive Eigenaktivität
- Starke Lebenstendenz
- Ausgeprägte Autonomie
- Wohlbefinden und Lust
- Befriedigung wichtiger Bedürfnisse
- Kompetenzgefühl
- Ausgeprägter Selbstschutz
- Positive Anregung
- Spontane und positive Gottesbeziehung
- Günstige familiäre genetische Grundlage

In diesem Buch werden wir uns ausführlich den ersten beiden Punkten sowie weiteren Einzelthemen im Bereich der mentalen/psychosozialen Fitness widmen.

Nie vergessen!

Jeder Körper funktioniert anders. Auch wenn die chemischen und physikalischen Vorgänge grundsätzlich gleich ablaufen, gibt es dennoch Unterschiede, denn jeder Körper reagiert unterschiedlich auf Inhaltsstoffe aus der Nahrung. Dieser Umstand sollte bei den folgenden Kapiteln bedacht werden. Beobachten Sie sich und Ihren Körper genau, dann erfahren Sie, worauf Ihr Körper gut oder weniger gut reagiert.

Und natürlich müssen die Empfehlungen aus den einzelnen Kapiteln bei Krankheiten, Allergien, Unverträglichkeiten oder chronischen Beschwerden auf den jeweiligen persönlichen Umstand angepasst werden.

2 Ernährung

2.1 Von der Ernährung zum Essen

Menschen müssen essen und trinken. Ohne Trinken überlebt der Mensch nur wenige Tage. Ohne ausreichend feste Nahrung brechen nach etwa vier Wochen alle Systeme im Körper zusammen und der Mensch stirbt. Nahrung ist existentiell. Dennoch steht heute nicht allein der lebensnotwendige Erhalt des Körpers im Mittelpunkt. Die Mahlzeiten sollen neben Energie auch Genuss und Gesundheit liefern.

In der Frühzeit der Menschheitsgeschichte wurden Beeren und Wurzeln nach zwei wichtigen Komponenten gesammelt: nach Schmackhaftigkeit und Verträglichkeit. In den folgenden Kulturen entwickelten sich Vorlieben, die sowohl an die Gegebenheiten wie auch an die örtlichen Bedingungen geknüpft waren. Jede Kultur verfeinerte ihr Essen.

Spätestens mit der Entdeckung des Feuers veränderte sich alles. Auf dem Speiseplan standen weniger rohe, dafür mehr gekochte, gebratene und gebackene Kost, was eine Umstellung der menschlichen Verdauung nach sich zog. Wann genau unsere Vorfahren mit dem kontrollierten Kochen begannen, kann nicht genau bestimmt werden. Fakt ist aber, dass sich vor 1,6 Mio. Jahren während der Zeit des Homo erectus das Gehirn der Vormenschen um das Dreifache vergrößerte.[5] Möglicherweise führte die gekochte Nahrung zu diesem entscheidenden Entwicklungsschub:[6] Mit dem Kochen wird das Essen „vorverdaut", wodurch der Homo erectus weniger Energie für Körperprozesse benötigte. Das Gehirn konnte wachsen und sich zum größten unter den Lebewesen entwickeln.

Neben dem Vorgang des Erhitzens war auch wichtig, was sich im Kessel befand. Während sich die Primaten bis heute vegetarisch ernähren und stundenlang harte Kost kauen, entdeckte der Vormensch das Fleisch für sich, das ihm größere Mengen an Energie lieferte.

Gekochtes Fleisch und Pflanzenkost mussten durch das Garen und Braten nicht mehr stundenlang gekaut werden, was große Energiemengen erforderte. Nun verkleinerten sich die Zähne, der Darm verkürzte sich und der Mensch erfuhr einen Entwicklungsschub. Er ging aufrecht und begann mit dem vergrößerten Gehirn die Welt der Esskultur zu erobern.

Fremde Länder, fremde Sitten, globalisiertes Essverhalten

Die Kultur des Essens ändert sich in seinen Tischsitten, Speisenfolgen oder Fastengeboten von Kontinent zu Kontinent, und hier von Region zu Region. Während in den einen Ländern am Boden sitzend und mit der Hand, mit Essstäbchen oder ausschließlich mit Löffeln gegessen wird, gibt es andere, bei denen erst nach Dunkelheit das Brot gebrochen werden darf oder Milch und Fleisch streng voneinander getrennt zubereitet werden müssen.

Im Laufe der europäischen Geschichte erhob sich der Mensch an den Tisch, nutzte statt der Finger Esshilfen und wechselte zwischen roh, gekocht, deftig oder leicht. Bestimmend war in der Speisenfolge des Jahres die Vegetation. Was Garten und Feld erbrachten, kam auf den Teller, und Fleisch in der Regel nur einmal in der Woche. Ein Tier zu erlegen kostete den Vorfahren enorme Kraft. Kultivierte Haustiere dienten zunächst vor allem als Woll- und Milchlieferanten. Nur wenige Male im Jahr wurde geschlachtet, das Fleisch gepökelt oder eingekocht. Der Sonntagsbraten hielt sich in seiner Regelmäßigkeit noch bis in die fünfziger Jahre. Seitdem änderten sich die Essgewohnheiten rapide. Convenience-Produkte – vorbereitete Speisen, die ohne großen Aufwand verzehrfertig sind – kamen aus den USA nach Europa, ebenso wie die ganz schnelle Küche: das Fast Food. Hier isst der Mensch wieder mit den Händen, benötigt weder Tisch noch Besteck oder Rituale. Er isst häufig allein, schnell und zu jeder Tageszeit.

Die 3 Zubereitungsstufen der Convenience-Produkte
- küchenfertig (zum Beispiel geputztes Gemüse)
- gar- oder aufbereitfertig (zum Beispiel Fischstäbchen, Pizza)
- verzehrfertig oder „ready to eat" (zum Beispiel Speiseeis, Sandwich)

Hast statt Rast

Fast Food wird auf Grills, in Fritteusen oder Mikrowellen bereitet und kann bei übermäßigem Konsum dick, krank und oftmals auch übellaunig machen. Weizenmehl, gehärtete Pflanzenfette und Zucker im Übermaß befüllen den menschlichen Organismus mit zu vielen Kalorien. Übergewicht bis zur Fettleibigkeit, die Folge dieser Fehlernährung, können sich in einer Diabetes Typ 2 äußern. Obwohl sich die meisten Menschen dessen bewusst sind, wird gern und häufig zum schnellen Essen gegriffen.

Freilich kann die mobile Esskultur auf eine lange Geschichte zurückblicken. Garküchen und Fliegende Händler gehören im asiatischen Raum seit Jahrhunderten zum Straßenbild. Schon im antiken Pompeji wurden Garküchen gefunden, die eine schnelle Mahlzeit versprachen.

Problematisch wird es bei den heutigen Fastfood-Produkten durch ihren hohen Gehalt an Salz, Zucker, Geschmacksverstärkern und Fett. Vor allem raffinierte Würzungen und Geschmacksverstärker regen den Appetit an und verzögern das Gefühl der Sättigung, wodurch zu viel und zu oft gegessen wird. Obst und Gemüse fehlen fast vollständig und damit die ausreichende Versorgung mit Vitaminen und Mineralstoffen. Snacks, die gern in den Pausen zwischendurch verspeist werden, fallen ebenfalls häufig in diese Fastfood-Kategorie. Wird mit Hast gegessen, fehlt oftmals die nötige Einspeichelung, die den Verdauungsprozess voransteht.

Genuss statt Verdruss

Im Gegenzug zur Fastfoodkultur entwickelte sich eine Bewegung, die sich Slow Food nennt. Sie widerspricht bewusst der globalisierten und hastigen Schnellküche und wendet sich der regionalen und genussvollen Esskultur zu. Nach dem Gründer Carlo Petrini achtet diese neue Gastronomie darauf, dass sie gut, sauber und gerecht arbeitet. Regionale Produkte und Rezepte spielen eine große Rolle, ebenso der genussvolle und verantwortliche Umgang damit.

Was ist Fast Food?

Chicken Wings, Fish and Chips, Sandwiches, Hamburger in allen Variationen, Pommes Frites, Pizzen, Dönerkebab und vieles mehr.

Gibt es gesundes Fast Food?

Ja, auch: das gesund zubereitete Pausenbrot, Salate, Sushi, Speisen aus dem Wok… Gerichte mit hohem Gemüseanteil, und möglichst ohne frittierte Zutaten.

2.1.1 Was bin ich?
Ernährungsstrategien vom Allesesser bis zum Veganer

Wie wir uns ernähren, entscheiden wir selbst. Unser Speisezettel ist nicht mehr abhängig von Vegetationsphasen, regionalen Gebräuchen oder familiären Traditionen. Wir trinken italienischen Cappuccino oder französischen Brut, essen japanisches Sushi, griechisches Tsatsiki, französische Crème Brûlée, belgische Fritten, russischen Borschtsch, spanische Paella oder australisches Känguru. Wir ernähren uns multikulturell und suchen uns die Speisen heraus, die uns schmecken. Allerdings ähneln sich im Zuge der Globalisierung die Speisekarten auf der Welt einander wieder an. In jeder größeren Stadt dieser Erde gibt es Pizza, Spaghetti und Bami Goreng.

Aus der Bandbreite internationaler Kochkünste können wir uns unsere persönliche Ernährungsstrategie heraussuchen. Dass diese oft trotzdem nicht ausgewogen ist, liegt an neuen Zwängen: Zeitmangel, Entstrukturierung des Alltags, wenig Interesse am Selberkochen und die pragmatische Entscheidung für den Imbiss an der Ecke.

Wer sich näher mit seinen Essgewohnheiten und gesundheitlichen Folgen beschäftigt, probiert im Laufe seines Lebens verschiedene Essstrategien aus. Angebote gibt es genügend. Täglich scheinen neue Konzepte auf den Markt zu kommen. Und je weniger der Mensch selber kocht, desto lieber sieht er sich Kochshows im Fernsehen an.

Wir stellen nun die bekanntesten Strategien vor. Ob makrobiotisch oder vegan – bei den meisten Verbrauchern steckt ein idelles Konzept dahinter.

Allesesser

ernähren sich von Fleisch, Fisch, Mehl- und Milchprodukten sowie Obst und Gemüse. Auf dem Speisezettel darf alles erscheinen. Vermieden wird nur, was allergische Reaktionen auslöst oder einfach nicht schmeckt.

Pescetarier – ohne Fleisch

verzichten aus gesundheitlichen, religiösen oder ethischen Gründen auf Fleisch, nehmen aber Fisch zu sich. Ebenso wie Vegetarier ernähren sich Vertreter dieser Gruppe hauptsächlich von Frischkost und Gemüse. In Deutschland leben etwa 1,6 Prozent der Bevölkerung fleischlos.[7]

Vegetarier

verzichten in ihrer Ernährung bewusst auf Fleisch oder Fisch, sei dies aus gesundheitlichen oder ethischen Gründen. Die Ernährungspalette besteht vor allem aus Gemüse, Obst und (Voll-)Kornprodukten. Möglicherweise schließen sie auch Nahrungsmittel aus, die von Tieren produziert oder aus diesen weiterverarbeitet wurden wie Eier oder Milchprodukte. Während sich etwa 1,5 bis 2,5 Prozent der gesamten westlichen und 6 Prozent der deutschen Bevölkerung vegetarisch ernähren, leben in buddhistisch oder hinduistisch geprägten Regionen bis zu 25 Prozent der Menschen als Vegetarier.

Flexitarier

sind Vegetarier, die gelegentlich Fleisch verzehren und damit die rein vegetarische Ernährung unterbrechen.

Ovo-Vegetarier

ernähren sich vegetarisch, nehmen an tierischen Produkten aber auch Eier zu sich – aus ethischen Gründen, da in einem unbefruchteten Ei kein Leben heranwächst und somit nicht zerstört werden kann.

Ovo-Lacto-Vegetarier

gelten im Volksmund als „die Vegetarier". Sie ernähren sich ohne Fisch, Geflügel, Fleisch, aber mit Eiern und Milchprodukten.

Veganer

Vertreter des Veganismus lehnen tierische Produkte in der Ernährung und im täglichen Leben ab. Sie ernähren sich ohne Fleisch, Fisch, Milchprodukte, Honig und Eier. Im Alltag versuchen Sie verarbeitete tierische Produkte in Kleidung, Kosmetika, Putzmitteln und sämtlichen anderen Utensilien aus ethischen oder ideologischen wie auch aus gesundheitlichen Gründen zu vermeiden. Etwa 0,1 Prozent der Menschen in Deutschland sehen sich selbst als Veganer.[8]

Rohköstler

können sich vegan oder vegetarisch oder alles essend ernähren, wichtig ist ihnen jedoch, dass die Lebensmittel nicht erhitzt worden sind. Produkte, die aufgrund technischer Verfahrensweise erhöhten Temperaturen ausgesetzt wurden, wie Trockenfrüchte oder Trockenfleisch, werden von verschiedenen Ernährungslehren toleriert. Rohköstler nehmen ohne Hitze behandelte Nahrung auf, damit Enzyme, Spurenelemente und Vitamine nicht zerstört werden.

Vollwerternährung

Auf diesem Speiseplan stehen frische Nahrungsmittel nach einem Mischkost-Konzept mit Vollkornprodukten, wenig Fleisch und Fisch, viel Obst und Gemüse, wenig Fett, Zucker und Genussmittel.

Trennkost

Wie es der Name besagt, werden in der Trennkost, die vor allem der Gewichtsreduktion dienen soll, Nahrungsmittel getrennt voneinander genossen: Eiweißhaltige und kohlenhydrathaltige Lebensmittel sollen nicht innerhalb einer Mahlzeit zu sich genommen werden. Ansonsten ist fast alles in dem von William Howard Hay Anfang des 20. Jahrhunderts entwickelten Prinzip erlaubt. Eine Weiterentwicklung ist die so genannte KFZ-Diät des Münchner Arztes Olaf Adam, nach der Kohlenhydrate und Fette voneinander getrennt gegessen werden sollen. Da bei der Trennkost keine Kalorien gezählt werden, eignet sich der Kostplan aus der Sicht der Ernährungswissenschaftler eher weniger zur Gewichtsabnahme. Die Deutsche Gesellschaft für Ernährung (DGE) urteilt über die Trennkost: „Diese Vorstellungen entbehren jeder wissenschaftlichen Basis. Eine vollwertige Ernährung nach den Hayschen Lehren ist auf Dauer nur eingeschränkt möglich, da die Lebensmittelauswahl nicht ausgewogen ist."[9]

Ernährung nach Ayurveda

Die Lebensmittel werden in drei Klassen unterteilt, die aufgrund ihrer Konsistenz unterschiedlich wirken. Zudem werden Menschen in drei Typen, Doshas genannt, unterschieden: Vata, Pitta und Kapha. Die Nahrungsempfehlung erfolgt entsprechend des Typs. Die ayurvedische Ernährungslehre plädiert für eine ausgewogene Ernährung mit frischen Lebensmitteln, viel Obst und Gemüse sowie wenig Fleisch.

Ernährung nach den fünf Elementen

gründet sich auf die Lehren der Traditionellen Chinesischen Medizin und legt die fünf dort üblichen Elemente und ihre Zuordnung zu Yin (Kälte) und Yang (Wärme) zugrunde: Holz, Feuer, Erde, Metall und Wasser. Diesen Elementen sind geschmackliche Entsprechungen und Lebensmittel zugeordnet. Sinn ist es, das Gleichgewicht zwischen Yin und Yang in der Ernährung und damit den zugeführten Energien herzustellen und zu erhalten, damit der Mensch in Harmonie leben kann. Diese Ernährungslehre basiert auf der daoistischen Weltanschauung und ist wissenschaftlich nicht begründet. Es werden gekochte und stark erhitzte Lebensmittel empfohlen, jedoch alles ohne Mengenangaben.

Ernährung nach Säure-Basen-Ausgleich

Hier ist es wichtig, dass der Säure-Basen-Haushalt im Gleichgewicht ist. Lebensmittel können nach dieser Theorie beim Verstoffwechseln basisch oder sauer auf den Kreislauf wirken. Das beeinflusst den ph-Wert und damit die Leistungsfähigkeit. Auch bilden sich aufgrund des übersäuerten Bindegewebes aller Organe zahlreiche Krankheiten heraus. Die Theorie ist allerdings wissenschaftlich nicht bewiesen.

Makrobiotik

Die makrobiotische Ernährungslehre beruht auf einem philosophischen Konzept, das in Japan Ende des 19. Jahrhunderts aufgrund der daoistischen Prinzipien des Yin und Yang entwickelt wurde und mit der New-Age-Bewegung in den Westen kam. Nach den Ideen des Begründers Georges Ohsawa kann sich der Mensch mit der makrobiotischen Ernährung von jeder Krankheit heilen, was inzwischen wissenschaftlich widerlegt ist. Die makrobiotische Ernährung besteht zum größten Teil aus unverarbeitetem oder zerquetschtem Getreide, Bohnen, Gemüsen, Nüssen, Samen und geringen Mengen an Obst sowie in der Ursprungslehre kleinen Mengen Fisch. Der Japaner Mishio Kushi adaptierte die strengen Regeln in den westlichen Speisenplan und verstärkte damit die einseitige Kost. Mediziner warnen heute vor der traditionellen Makrobiotik, da die einseitige Ernährung zu gravierenden Mangelerscheinungen führen kann.

2.1.2 Wie wir essen:
Essverhalten und Ernährungstypen

Eine umfangreiche Studie von Nestlé, die 2011 erschien und auf 10 000 Befragungen durch verschiedene Institute zurückgreift,[10] belegt, was wir eigentlich schon ahnen: Der Alltag, wie ihn noch unsere Großmütter kannten, zerfällt. Die Entstrukturierung des Tagesablaufs ist seit der vorletzten Studie aus dem Jahre 2009 weiter gestiegen. Etwa 64 Prozent der Frauen und 52 Prozent der Männer,[11] die mehr als 50 Stunden die Woche arbeiten, müssen sich in unregelmäßigen Tagesabläufen zurechtfinden. Dies beeinflusst das Essverhalten, die mentale Hygiene und natürlich auch die ausgeglichene regenerierende Bewegung.

Das Essverhalten

Die Nestlé-Studie spricht es genau an. Freie Zeitfenster bestimmen, ob und wann gegessen wird. In Zahlen ausgedrückt heißt dies: 43 Prozent derjenigen Berufstätigen, die einen relativ unregelmäßigen Tagesablauf haben, essen dann, wenn es zeitlich gerade passt, 31 Prozent, wenn sie Hunger verspüren und nur 20 Prozent zu festgelegten Zeiten.[12]

Snacks und Kleinigkeiten

Berufstätige greifen heute zu fast 80 Prozent auf die zahlreichen Angebote zurück, den Hunger mittels Snacks oder Out-of-Home-Angeboten in Läden, Imbissbuden oder Fastfood-Restaurants zu stillen.

Obwohl die Gruppe der „Mobile Eater"[13] ständig steigt und die Berufstätigen außer Haus oder unterwegs essen und auch die Hauptmahlzeit hin und wieder ausfallen lassen, sehnen sich die meisten Menschen nach Zeit und Ruhe, um eine Mahlzeit genießen zu können. Doch der Arbeitstag verlangt nach Flexibilität und Mobilität. Jeder dritte Bundesbürger lebt mit einem unregelmäßigen Tagesablauf und kann die Zeiten für Essen, Freizeit, Sport oder Freunde nicht planen. Oftmals steht auch gesunde und qualitativ hochwertige Ernährung nicht in unmittelbarer Nähe zur Verfügung. Zum Beispiel bieten auch Kantinenessen vielerorts kein ausreichendes Angebot an kalorien- und fettarmen wie ausgewogenen Gerichten. Snacks ersetzen oft die Hauptmahlzeiten, sind dabei meist zu süß und zu kalorienhaltig.

Die entstrukturierten Tagesabläufe machen es vielen Menschen schwer, sich regelmäßig zu ernähren. Ernährungsdefizite treten auf, die über lange Zeiträume hinweg nicht ausreichen, den Bedarf an

Energie zu decken, den der Mensch zur Gesunderhaltung benötigt, und dann gesundheitliche Probleme nach sich ziehen.

Ernährungstypen

Im Rahmen der Nestlé-Studie 2011 wurden über 10 000 Menschen in Deutschland zu ihrem Ernährungs- und Einkaufsverhalten befragt. Die Studie wurde von Meinungsforschungsinstituten (IfD-Allensbach, GfK – Gesellschaft für Konsumforschung, Ipsos und Icon Kids & Youth) durchgeführt und ausgewertet. Die Nestlé-Studie beschreibt die sieben folgenden Ernährungstypen:

- Die Leidenschaftslosen
- Die Maßlosen
- Die Gehetzten
- Die Modernen Multi-Optionalen
- Die Problembewussten
- Die Nestwärmer
- Die Gesundheitsidealisten

In den sozial schwächeren Schichten sind die Ernährungstypen „Maßlose" und „Leidenschaftslose" überdurchschnittlich vertreten.[14]

Die folgenden Beschreibungen erklären diese Ernährungstypen genauer:

Die Leidenschaftslosen

In dieser Gruppe sind vor allem Männer vertreten, denen materielle Sicherheit und ein guter Ruf wichtig sind, für die jedoch gesunde Ernährung vollkommen uninteressant ist. Sie kaufen nicht gern ein, wollen schnelle und günstige Produkte erwerben. Einfache Kost, Tiefkühl- und Fertiggerichte stehen auf dem Speiseplan.

Die Maßlosen

In dieser Gruppe sind vor allem junge, ledige Männer zu finden, die Wert auf Bequemlichkeit und große Essensmengen legen. Sie sind meist übergewichtig und von schlechter gesundheitlicher wie auch sportlicher Verfassung. Sie kaufen große, günstige Mengen ein, ernähren sich von Mikrowellen- und Tiefkühlgerichten oder bei Imbissen und in Schnellrestaurants.

Die Gehetzten

Auch dieser Gruppe gehören vor allem Männer an, die Beruf und Freizeit schwer in Balance bringen können. Stresssymptome, Schlaflosigkeit und Übergewicht sind typische Kennzeichen der Gehetzten. Sie ernähren sich hauptsächlich nebenbei von Snacks und Fast Food.

Die Modernen Multi-Optionalen

Diese Gruppe setzt sich aus Männern wie Frauen zusammen, die Wert auf Karriere ebenso wie auf Selbstverwirklichung setzen. Sie sind erfolgreich und gesellig, aber auch gestresst, ermüdet, nervös und kämpfen mit Gewichtsproblemen. Sie legen Wert auf gutes Essen, frische Produkte und Qualität, essen gern in Gemeinschaft, auch außer Haus.

Die Problembewussten

Zu ihnen gehören oftmals ältere Ehepaare und Singles, die gesundheitsbewusst leben möchten und müssen, da ihr Gesundheitszustand dies erfordert. Diabetes, Bluthochdruck, Kreislaufprobleme und hohes Cholesterin bestimmen den Speiseplan. Sie leben in einer täglichen Ernährungsroutine, die aus frischen, aber günstigen Produkten besteht. Sie kochen und essen lieber zu Hause als auswärts.

Die Nestwärmer

Die Menschen dieser Gruppe versuchen, mit sich und der Umwelt in Einklang zu leben. Oftmals steht die Familie im Mittelpunkt. Sie ernähren sich ausgewogen und genussvoll mit frischen und qualitativ hochwertigen Produkten und kochen gern zu Hause.

Die Gesundheitsidealisten

Die Menschen dieser Gruppe versuchen nach ihren Idealen und Überzeugungen zu leben. Ihre hohen Ansprüche beziehen sich auf ein gesundes und kreatives Leben. Fitness und Ernährung – im Einklang mit der Umwelt – spielen eine große Rolle. Sie kochen oft mehrmals am Tag und kaufen frische Bioprodukte, auch direkt vom Erzeuger.

TIPP Wer sich nicht direkt einer dieser Gruppen zugehörig fühlt, ist doch der einen oder anderen näher als den übrigen. Fragen Sie sich: Was für ein Ernährungstyp bin ich – und warum?

2.1.3 Checkliste: Welcher Ernährungstyp bin ich?

Ich achte jeden Tag darauf, dass ich mich gesund ernähre.
Ich frühstücke zu Hause.
Ich nutze die Möglichkeit, tagsüber eine gesunde Hauptmahlzeit zu mir zu nehmen.
Ich habe für die Hauptmahlzeit mindestens 30 Minuten Zeit.
Ich esse immer zur gleichen Zeit.

Ich esse den Tag über Obst und Gemüse:

einmal	zweimal	öfter

Ich esse den Tag über Snacks:

einmal	zweimal	öfter

Ich habe die Möglichkeit, gesunde Zwischenmahlzeiten zu mir zu nehmen.
Ich esse und trinke, um satt zu werden.
Ich esse, wann immer ich Zeit dazu habe.

Ich esse tagsüber:

einmal	zweimal	dreimal	öfter

Ich esse abends warm erst nach 20 Uhr.

Ich esse abends nach 20 Uhr:

wenig	viel	nichts

Ich trinke jeden Abend ein oder mehrere Gläser Wein, Bier oder andere alkoholische Getränke.

Beantworten Sie diese Checkliste so ehrlich wie möglich! Am Ende dieses Kapitels werden Sie dann selbst einschätzen können, ob Sie sich gesund ernähren. Auch wenn es keine allgemein gültige Aussage gibt (zum Beispiel essen die Spanier abends später als wir, leben aber auch in anderen Tagesabläufen), liefert diese Checkliste zumindest deutliche Hinweise.

2.2 Die ideale Ernährung

2.2.1 Bestandteile der Nahrung: Was ist wichtig?

Die Nahrung eines Menschen wirkt sich auf den gesamten Organismus und damit auch auf seine Funktions- und Leistungsfähigkeit aus und beeinflusst die Tages- und Lebensform. Nahrung liefert Energie und Bausteine für Stoffwechselabläufe und Zellprozesse und ermöglicht dem Menschen, dass sein Organismus am Leben bleibt. In welcher Art und Weise die Bestandteile der einzelnen Lebensmittel auf den Körper und damit die Gesundheit wirken, können die Ernährungswissenschaftler bis heute allerdings noch nicht verbindlich sagen. Denn die Lebensmittel setzen sich aus Hunderten Substanzen zusammen, die es zu entschlüsseln gilt. Und jedes Nahrungsmittel wirkt anders auf den individuellen Körperbau. Jeder Organismus scheint spezifisch zu reagieren. Bisher konnten keine allgemein gültigen Regeln gefunden werden, die für alle Menschen gleichermaßen gelten.

Aus unterschiedlichen Richtungen werden ständig neue Ernährungstrends propagiert – egal ob sie wissenschaftlich bewiesen oder untersucht worden sind. Unseriös und seriös sind dabei oftmals nicht zu unterscheiden.

Während in vielen Publikationen ausschließlich der Kalorien- oder Fettgehalt eines Lebensmittels bewertet wird, spielen in anderen auch die Mikronährstoffe oder die antioxidante Wirkung eine Rolle.

TIPP   Die einzelnen Elemente der Nahrung sollten in einem guten Verhältnis zueinander stehen und ausbilanziert sein. „Ausgewogene Energiebilanz" ist sicher eine der wichtigsten Regeln.

Wie viel Energiezufuhr braucht der Mensch?

Die Energie, die ein Mensch täglich verbraucht, kann in Kalorien oder Joule gemessen werden. Die Differenz zwischen der täglichen Energiezufuhr und dem täglichen Energieverbrauch bezeichnet man als Energiebilanz. Abhängig davon, wie seine Energiebilanz sein sollte, ist der Energiebedarf. Dieser setzt sich bei gesunden Menschen im Wesentlichen aus zwei Faktoren zusammen:

- Grundumsatz
- Leistungsumsatz

Der Grundumsatz eines Menschen ist der Verbrauch an Energie über zwölf Stunden nach der letzten Nahrungsaufnahme in entspannter

Umgebung bei konstanter Temperatur. Die Höhe des Grundumsatzes hängt dabei von Alter, Geschlecht, Körperoberfläche und hormoneller Funktion ab.

Männer und Frauen besitzen je nach Alter einen unterschiedlichen Grundumsatz. Mit zunehmendem Alter nimmt der mittlere Grundumsatz in der Regel ab.

Der alterstypische Grundumsatz in kcal und KJ[15]

Alter	Männer in kcal (kJ)	Frauen in kcal (kJ)
18	1800 (7500)	1600 (6700)
24	1700 (7100)	1500 (6300)
42	1600 (6700)	1500 (6300)
66	1500 (6300)	1400 (5900)
75	1400 (5900)	1300 (5400)

Zum Grundumsatz addiert sich der Leistungsumsatz. Je nachdem, welchen Beruf Sie ausüben, benötigen Sie dafür entsprechend viele Kalorien. Die folgende Tabelle enthält Mittelwerte des Tagesumsatzes verschiedener Berufsgruppen.

Mittelwerte des Tages-Energiebedarfs verschiedener Berufsgruppen in kcal[16]

	Männer	Frauen
Sitzende Beschäftigung	2200 bis 2400	2000 bis 2200
Sitzende Beschäftigung mit leichter Muskelarbeit und gehen und sprechen	2600 bis 2800	2200 bis 2400
Mäßige Muskelarbeit	3000	2500 bis 2800
Stärkere Muskelarbeit	3400 bis 3600	3000 bis 3200
Schwerarbeiter	3800 bis 4200	
Schwerstarbeiter	4500 bis …	

2 Ernährung

TIPP Wenn das für Sie sinnvoll erscheint, können Sie Ihren Tagesbedarf für einen typischen Tag von einem Experten berechnen
lassen. Oder Sie Führen ein Ernährungstagebuch und lassen es
von einem Experten auswerten. So kommen Sie Ihrem Kalorienverbrauch auf die Spur!

Zusammensetzung der Nahrung

Ihre Ernährung sollte sich aus einer Vielfalt an Nahrungsmitteln
zusammensetzen. Wichtig ist hierbei das Mischungsverhältnis, das
wir in den folgenden Kapiteln beschreiben werden. Hier möchten
wir Ihnen vorstellen, woraus unsere Nahrung besteht und wie die
Bestandteile wirken. Leiden Sie unter dem bekannten Mangel eines
der Vitamine, Mineralstoffe oder Spurenelemente, so können Sie in
den folgenden Kästen sehen, in welchen Nahrungsmitteln diese vor-
kommen, und können sich gezielt ernähren.

Eine vollwertige Ernährung setzt sich aus folgenden Bestandteilen
zusammen:[17]

- *Kohlenhydrate*
  Die Energiespender.

- *Fett*
  Fett ist das Energie-Depot des Organismus.

- *Eiweiß*
  Sorgt für Ersatz und Neuaufbau von eiweißhaltigen Substanzen (Muskelfasern, Enzymen, Hormone, Immunsystem).

- *Vitamine, Mineralstoffe, Wasser*
  Steuern den Stoffwechsel und die Leistungsfähigkeit.

Messgrößen der Qualität

Es gibt einige Messgrößen, die die Qualität der Nahrung bestimmen.
Diese Messgrößen sind für Leistungsfähigkeit, Gesundheit und Fitness verantwortlich:

1. Vitamingehalt
2. Mineralstoffe und Spurenelemente
3. Sekundäre Pflanzenstoffe
4. Omega-3-Fettsäuren
5. Proteine
6. Kohlenhydrate

Nahrungsqualität 1: Der Vitamingehalt

Vitamine sind unverzichtbar. Sie liefern keine Energie, sind aber maßgeblich bei zahlreichen schützenden, aufbauenden und regulierenden Körperprozessen beteiligt. Sie sorgen für funktionierende Stoffwechselvorgänge, sind beim Aufbau von Enzymen und Hormonen beteiligt und stärken das Immunsystem.

Bei diesen Prozessen werden sie im Körper ständig gebraucht, aber nur mäßig verbraucht. Diese Verluste müssen über die Nährung zugeführt werden. Dabei ist zu beachten, dass der Organismus über umfangreiche Depots für fettlösliche Vitamine (A, D, E, K) verfügt, aber wasserlösliche Vitamine (Vitamin C und alle B-Vitamine mit Ausnahme des Vitamins B_{12}) nur in geringem Maße speichern kann.

TIPP Vor allem wasserlösliche Vitamine sind in Gemüse und Obst zu finden. Da deren Vitamingehalt innerhalb weniger Tage und Stunden sinken kann, sollten diese Nahrungsmittel möglichst frisch verzehrt werden.

Wir kennen 13 Vitamine

Der menschliche Organismus benötigt alle bekannten Vitamine, um zu funktionieren. Allerdings braucht er die Vitamine nicht alle im gleichen Maße und nicht zur selben Zeit. Die Deutsche Gesellschaft für Ernährung empfiehlt eine abwechslungsreiche und ausgewogene Ernährung, in der die empfohlenen Mengen an Vitaminen in ausreichender Menge vorhanden sind. Vitaminpillen oder andere -konzentrate sind erst notwendig, sofern der Organismus einer erhöhten Belastung wie Schwangerschaft oder Krankheit ausgesetzt ist.

Tagesbedarf des Menschen an Vitaminen

Tagesbedarf Vitamin A
Männer und schwangere Frauen 1,1 mg, stillende Frauen 1,8 bis 1,9 mg, Frauen 0,8 bis 0,9 mg, Mädchen in der Pubertät 1,1 mg

Tagesbedarf Vitamin B_1
Im Allgemeinen 1,4 mg

Tagesration Vitamin B_2
Frauen 1,5 mg, Männer 1,7 mg.

Tagesbedarf Vitamin B_5 – Pantothensäure
Frauen 15 mg, Männer 18 mg.

Tagesbedarf Vitamin B_6 – Pyridoxin
Frauen 1,6 mg, Männer 1,8 mg.

Tagesbedarf Vitamin B_7 – Biotin
Frauen und Männer 12 µg.

Tagesbedarf Vitamin B_9 – Folsäure
Frauen und Männer 160 µg.

Tagesbedarf Vitamin B_{12}
Die DGE empfiehlt 5 µg.

Tagesration Vitamin C
Die DGE empfiehlt 100 mg.

Tagesration Vitamin D_3
Die DGE rät zu 5 µg. Vitamin D_2 wird durch Sonnenlicht in der Haut gebildet.

Tagesration Vitamin E – Tocopherol
Die DGE hält 12 mg für ratsam.

Tagesbedarf Vitamin K – Phylochin
Die DGE empfiehlt 1,5 mg.

Was Vitamine bewirken

Vitamin A

Vitamin A oder Retinol wird im Darm resorbiert, sorgt für gesunde Haut und Augen und verringert die Blend- und Infektanfälligkeit.[18] Carotinoide, im Obst und Gemüse, sind Vorstufen des Vitamins und werden im Stoffwechsel bei Bedarf zu Vitamin A aufgebaut. Beide wirken als Antioxidantien.[19]

- *Worin enthalten?*
  Fisch, Leber, Butter, Eier, Milch

Beta-Carotin ist in fast allen pflanzlichen Lebensmitteln enthalten.

Biotin

Biotin wird auch als Vitamin B_7 oder Vitamin H bezeichnet, da es in der Haut wirkt. Ein Mangel ist äußerst selten.[20]

- *Worin enthalten?*
  Leber, Sojabohnen, Eidotter, Nüsse, Haferflocken und Pilze.

Pantothensäure

Vitamin B_5 ist ein Bestandteil von Coenzym A und am Energiestoffwechsel wie auch am Fettstoffwechsel beteiligt.

- *Worin enthalten?*
  Vor allem in Innereien, Hülsenfrüchten, Vollkornprodukten und Erdnüssen.

Pyridoxin

Auch als Vitamin B_6 bekannt und als Coenzym beim Aminosäurestoffwechsel beteiligt, ebenso bei der Bildung von Hämoglobin.

- *Worin enthalten?*
  Hühner- und Schweinefleisch, Fisch, Gemüse, Kartoffeln und Vollkornprodukte.

Niacin

Niacin (Nikotinsäure, früher bekannt als Vitamin B_3) unterstützt das Nervensystem. Der Körper kann Niacin aus der Aminosäure Tryptophan herstellen.

- *Worin enthalten?*
  In Fisch, Fleisch, Innereien, Brot und Kartoffeln, Hefe, Kaffee, Weizenkleie und Erdnüssen.

Vitamin B_1

Das wasserlösliche Vitamin ist gut für Nerven und gegen Angstzustände, unterstützt den Kohlenhydratstoffwechsel und die Schilddrüsenfunktion.

- *Worin enthalten?*
  In vielen Lebensmitteln, vor allen in Hülsenfrüchten, Schweinefleisch und Getreide, in Hefe, Weizenkeimen und Sonnenblumenkernen.

Vitamin B_2

Vitamin B_2 unterstützt die Verwertung der Nahrung. Ist gut für Haut und Nägel. Vitamin B_2 unterstützt das Nervensystem.

2 Ernährung

- *Worin enthalten?*
  In Pilzen, Makrele, Hühnerbrust und Hühnerei, Kalbsleber und
  -niere sowie Seelachs.

Vitamin B$_{12}$

Ist bei der Zellneubildung, vor allem der Bildung der roten Blutkör-
perchen beteiligt. Gilt auch als Nervenschutzvitamin.
- *Worin enthalten?*
  In Kalbs-, Rinder- und Schweineleber, Hering, Lachs, Käse und
  Hühnerei.

Folsäure

Folsäure (auch Vitamin B$_9$) spielt als Coenzym eine entscheidende
Rolle im Energietransport und ist an der Zellteilung und dem Zell-
wachstum beteiligt, ebenso an der Dopamin- und Serotoninproduk-
tion.
- *Worin enthalten?*
  Blattgemüse wie Spinat, Leber und Weizenkeime enthalten
  besonders viel Folsäure.

Vitamin C

Anders als viele Säugetiere können Menschen Ascorbinsäure nicht
selbst bilden.[21]
- *Worin enthalten?*
  In Obst- und Gemüsesorten, vor allem Brokkoli, Kiwi, Orangen,
  Paprika, Rosenkohl, Spinat, Physalis, Acerola, Hagebutten und
  Sanddorn. Blattgemüse verlieren je nach Lagerbedingungen bis
  zu 95 Prozent an Vitamin C in den ersten drei Tagen nach der
  Ernte.

Vitamin D

Vitamin D$_2$ wird durch Sonneneinstrahlung in der Haut gebildet und
ist auch in pflanzlichen Lebensmitteln vorhanden. Vitamin D$_3$ wird
in der Leber und Niere zu Calciterol umgebildet, das sich ähnlich
einem Hormon verhält und deshalb auch D-Hormon[22] genannt wird.

Vitamin D beeinflusst den Kalziumhaushalt des Menschen. Das Vitamin erhöht die Kalziumresorption in Darm und Niere und stimuliert
den Einbau von Kalziumsalzen in Knochen.[23] Deshalb werden Frauen
mit Osteoporose Spaziergänge bei Sonne und frischer Luft empfohlen.

- *Worin enthalten?*
  Vitamin D_2 im Sonnenlicht und pflanzlichen Lebensmitteln,
  Vitamin D_3 in fettem Fisch.

TIPP   DA VITAMIN D_2 DURCH DAS SONNENLICHT GEBILDET WIRD, SOLLTEN SIE
TÄGLICH MINDESTENS 15 MINUTEN AN FRISCHER LUFT SPAZIEREN GEHEN.

Vitamin E

Vitamin E oder Tocopherole (Alpha-, Beta-, Gamma- und Delta-Toco-
pherole) wirken antioxidativ und schützen Fettsäuren und Phospho-
lipide davor, oxidiert zu werden.

Vitamin E ist auch an der Produktion der Eicosanoide beteiligt, zu
denen Prostaglandine (Gewebshormone, Entzündungshemmer) gehören.[24]

- *Worin enthalten?*
  In pflanzlichen Ölen wie Sonnenblumenöl, Eier, Nüssen,
  bestimmten Gemüsesorten.

Vitamin K

Ist an der Bildung von Blutgerinnungsfaktoren beteiligt und kann bei
Mangel die Blutgerinnung verzögern. Ist auch an der Knochenmine-
ralisation beteiligt.

- *Worin enthalten?*
  Reichlich in Spinat, Weiß- und Blumenkohl, Brokkoli, in Kräutern und Rapsöl.

Nahrungsqualität 2: Mineralstoffe und Spurenelemente

In einer ausgewogenen Ernährung sind in der Regel ausreichende
Mineralstoffe und Spurenelemente enthalten.

Tagesbedarfe des Menschen an Mineralstoffen

Kalzium Frauen und Männer 1000 mg	*Eisen* Frauen 15 mg, Männer 10 mg
Magnesium Frauen 300 mg, Männer 350 mg	*Zink* Frauen 7 mg, Männer 10 mg
Kalium Frauen und Männer 2000 mg	*Jod* Frauen und Männer 200 µg

---

Was Mineralstoffe und Spurenelemente bewirken

Kalzium

Wesentlicher Bestandteil der Knochen. Wichtig für die Reizübertragung in den Nervenzellen und Synapsen.

- *Worin enthalten?*
  Milch und Milchprodukte wie Hartkäse, Schnittkäse, Ziegenkäse, Spinat, Grünkohl, Mohn, Sesam, Brennnesseln, getrocknete Feigen, Mandeln.

Magnesium

Wichtig für die Reizübertragung, den Energiehaushalt und die Entspannung, besonders bei Stress.

- *Worin enthalten?*
  Amaranth, Quinoa, Weizenkleie, Kakao, Sonnenblumenkerne, Cashew- und Kürbiskerne, Mandeln und Haselnüsse.

Kalium

Ist der natürliche Gegenspieler von Natrium und an physiologischen Prozessen in den Zellen beteiligt, wie an der Regulierung des Zellenwachstums, ebenso an der Kohlenhydratverwertung und der Eiweißsynthese. Kalium ist ein wichtiger Elektrolyt der Körperflüssigkeit und steuert die Muskeltätigkeit.

- *Worin enthalten?*
  Tomaten, Bananen, Zitrusfrüchte, Kakao und Hülsenfrüchte, Kartoffeln.

Eisen

Wichtig für die Blutbildung und hier besonders für den Sauerstofftransport des Hämoglobins. Frauen verlieren bei starker Menstruation Eisen.

- *Worin enthalten?*
  Fleisch, Leber, Hülsenfrüchte und Vollkornbrot. Gleichzeitiger Verzehr von Milchprodukten und schwarzem Tee kann die Eisenaufnahme hemmen. Vitamin-C-reiche Beilagen und Getränke verbessern die Eisenverwertung.

Zink

Enzymbestandteil, wichtig für ein funktionierendes Immunsystem.

- *Worin enthalten?*
  In Weizenkeimen, Mohn, Sesam und Kürbiskernen, Haferflocken, Leinsamen, Edamer.

Jod

Wird in der Schilddrüse in den Hormonen Thyroxin und Trijodthyronin und als Dijodthyronin genutzt und bei Stoffwechselprozessen in beinahe jeder Zelle des Körpers eingesetzt.

- *Worin enthalten?*
  Jodhaltiges Salz, Seefisch wie Seelachs, Kabeljau, Scholle, Champignons, Brokkoli, Karotten und Milch.

Nahrungsqualität 3: Sekundäre Pflanzenstoffe

Sekundäre Pflanzenstoffe wie Karotinoide oder Flavonoide, die in den Pflanzen schützend vor Krankheiten und Schädlingen wirken und die Pflanze färben, sind in den letzten Jahrzehnten stärker in das Bewusstsein der Wissenschaft gerückt. Ihnen werden zahlreiche gesundheitsfördernde Wirkungen zugeschrieben, die derzeit noch erforscht werden.[25]

Pflanzenstoffe wirken als Antioxidantien. In dieser Funktion fangen sie freie Radikale ab. Sie beeinflussen die Durchlässigkeit der Gefäßwände, weshalb Sie auch Vitamin P (=Permeabilität) heißen. Zu den wichtigsten Bioflavonoiden gehören Hesperidin, Rutin und Querketin.

TIPP VERSUCHEN SIE, MÖGLICHST VIEL FRISCHES OBST UND GEMÜSE ZU ESSEN, IDEALERWEISE IN FÜNF KLEINEN PORTIONEN DEN TAG ÜBER VERTEILT, UND SIE WERDEN EINE AUSREICHENDE MENGE AN SEKUNDÄREN PFLANZENSTOFFEN ZU SICH NEHMEN.

Carotinoide

Sie gelten als Radikalfänger und zählen ebenso wie Flavonoide, Phytoöstrogene, Protease-Inhibatoren und Sulfide der Phenolsäuren zu den Antioxidantien.

Flavonoide

„An apple a day keeps the doctor away" … gilt nicht nur für die Gesundheit. Der tägliche Apfel hilft aber auch der Schönheit: In der Apfelschale stecken besonders viele Flavonoide!

Polyphenole

Auch die Polyphenole im Rotwein wirken bekanntermaßen antioxidativ, was möglicherweise auf die im Wein enthaltene Hydroxyzimtsäure zurückzuführen ist.[26] Dennoch sollte die gesundheitsschädliche Wirkung von Wein nicht außer Acht gelassen werden.

Der ORAC-Wert – Antioxidante Kapazität

Wissenschaftler beschäftigen sich seit langem mit Antioxidanzien und haben Tausende von Pflanzeninhaltsstoffen erkannt und analysiert. Wie stark eine Pflanze antioxidativ wirkt, benennt der sogenannte ORAC-Wert (Oxygen Radical Absorbance Capacity), der die antioxidante Kapazität zur Neutralisation von Sauerstoffradikalen kennzeichnet.

- *Worin enthalten?*
  Lebensmittel mit hohem ORAC-Wert: Frische Kräuter wie Basilikum, Dill und Pfefferminze, Gewürze wie Currypulver, Ingwer, Nüsse, ungesüßtes Kakaopulver und Linsen.[27]

Oxidativer Stress entsteht durch: [28]
- Belastung durch Umweltschadstoffe (Ozon, Smog)
- Zu hohe UV-Strahlung
- Nikotin
- Alkohol
- Andere Drogen
- Seelischen Stress
- Körperlichen Stress
- Radikaldiäten
- Hohe spontane körperliche Belastung

Nahrungsqualität 4: Omega-3- und Omega-6-Fettsäuren

Fett ist nicht gleich Fett. Ohne bestimmte essentielle Fettsäuren kann unser Körper nicht leben. Es gibt Fette, die unserem Körper gut tun. Und es gibt Fette, die ihm schaden. Fett enthält gegenüber Kohlenhydraten doppelt so viele Kalorien. Dennoch gilt eine Low-Fat-Ernährung nicht als Garant für das Idealgewicht. Neben dem Fett sollten Sie unbedingt die Menge an Kohlenhydraten im Auge behalten. Zudem bewirken einige der Fettsäuren Wunder für Blut und Gesundheit.

Schlechte Fette

Heute gelten „gehärtete pflanzliche Fette" nicht mehr als so gefährlich wie früher, als beim Härten der Fette für die Margarineherstellung die Transfettsäuren entstanden. Transfettsäuren kommen heute kaum noch vor. Sie wirken sich ungünstig auf das Verhältnis zwischen dem schlechtem LDL- und dem gutem HDL-Cholesterin aus.

Gute Fette

Sie unterstützen die Hormonproduktion, helfen bei der Aufnahme fettlöslicher Vitamine, beim Zellaufbau und bei der Immunabwehr.[29]

Außerdem beeinflussen sie die Gehirnentwicklung, regulieren den Blutdruck, wirken sich positiv auf die Stimmung aus. In Ländern, in denen viel Fisch verzehrt wird, treten weniger Depressionen auf.[30] Ein Zusammenhang wird noch erforscht.

Einfach ungesättigte Fettsäuren können in Maßen dem Körper gut tun. Sie sind in pflanzlichen Ölen wie Olivenöl, aber auch in Nüssen, Samen und Avocados zu finden.

Mehrfach ungesättigte Fettsäuren sind essentiell – diese kann der Körper nicht selbst herstellen und muss sie über die Nahrung aufnehmen. Er benötigt sie in kleinen Mengen. Beispielsweise zwei Walnüsse täglich decken schon den essenziellen Bedarf. Zu ihnen gehören Omega-3 und Omega-6-Fettsäuren.

Omega-3-Fettsäuren

Diese speziellen langkettigen und mehrfach ungesättigten Fettsäuren kommen in Algen vor, die von Fischen verspeist werden, aber auch in Grünfutter. Fettsäuren benötigt der Körper für stabilen Blutdruck und zum Aufbau des HDL-Cholesterins. Quellen sind Meeresfische wie Hering, Lachs, vor allem Wildlachs, Makrele und Thunfisch – Fische, die ausreichend Raum zur Bewegung hatten.[30] Ebenso Rinder, die mit Grünfutter aufgezogen wurden, und Wildtiere. In einigen Pflanzen

2 Ernährung

findet sich die Vorstufe der Omega-3-Säure, die Alpha-Linolensäure, die besonders in Lein-, Raps- und Weizenkeimöl vorkommt.[31]

Omega-6-Fettsäuren

Am günstigsten auf unseren Körper wirkt ein ausgewogenes Verhältnis von Omega-3- und Omega-6-Fettsäuren. Nehmen Sie etwa fünfmal so viel Omega-3-Fettsäuren wie Omega-6-Fettsäuren zu sich. Omega-6-Fettsäuren finden sich in Sonnenblumen-, Distel-, Soja-, Kürbiskern- und Weizenkeimöl.

ACHTUNG   SEHR FETTREICHES ESSEN MACHT MÜDE UND SENKT DIE LEISTUNGSFÄHIGKEIT! MEIDEN SIE DESHALB FETTHALTIGE SNACKS UND FASTFOOD!

TIPP   ESSEN SIE EINMAL PRO WOCHE FETTREICHEN FISCH – FÜR HERZ, HIRN UND GUTE LAUNE!

Nahrungsqualität 5: Proteine

Als Grundbausteine der Zellen gehören Eiweiße zu den wichtigsten Stoffen im menschlichen Organismus. Ihr Name geht auf deren Bedeutung zurück, denn das griechische *protos* heißt „der Erste".

Eiweiße kommen in mehreren tausend Arten und Kombinationen vor. Sie bilden vor allem das Muskelgewebe und die lebenswichtigen Enzyme, biologische Katalysatoren, die biochemische Prozesse steuern. Zudem üben Eiweiße Transportfunktionen aus oder sind Bestandteil von Hormonen oder Schutz- und Gerüstproteine.[32]

Eiweiße setzen sich trotz ihrer enormen Vielfalt aus nur 21 bekannten Aminosäuren zusammen, die sich in essentielle (vom Organismus nicht selbst zu bildende Stoffe), semiessentielle und nicht essentielle Aminosäuren (die der Körper im Stoffwechsel selbst bilden kann) unterscheiden.

Eiweiße werden ständig auf- und abgebaut. Ein großer Speicher wie bei Kohlenhydraten oder Fetten ist im Körper nicht vorhanden, allerdings besitzt die Leber einen Aminosäurepool, der ausreicht, ungefähr 90% der für den Aufbau von Proteinen benötigten Aminosäuren zu liefern.

TIPP   DAUERHAFTER STRESS STEIGERT DEN PROTEINBEDARF. FISCH, AUCH FETTARMES FLEISCH, MILCHPRODUKTE UND HÜLSENFRÜCHTE WIRKEN DEM ABBAU ENTGEGEN.

Tryptophan

ist beim Aufbau von Serotonin wichtig, was die Konzentrationsfähig-keit steigert. Ebenso beim Aufbau von Melatonin, was die Schlafbe-reitschaft fördert.

- *Worin enthalten?*
  Käse, Hühnerei, Fleisch, Fisch, Reis, Sojabohnen, Erdnüsse, Bananen.

Phenylalanin und Tyrosin

sind beim Aufbau von Adrenalin, Dopamin und Noradrenalin ent-scheidend. Sie erhöhen die Aufmerksamkeit und Aktivität.

- *Worin enthalten?*
  Milch und Milchprodukte, Fisch, Fleisch und Hülsenfrüchte.

Serin und Methionin

sind die Vorstufe von Cholin und Acetylcholin und kümmern sich um das Abrufen und Speichern von Informationen im Gehirn.

- *Worin enthalten?*
  Getreide, Gemüse, Fleisch und Nüsse.

Glutaminsäure

bewirkt die Entstehung von Glutamat, einem wichtigen Botenstoff im Gehirn, der auch für Lernen und Abspeichern notwendig ist.

- *Worin enthalten?*
  Quark, Käse, Milchprodukte und Getreidekörner.

2.2.2 Hauptregeln der Ernährung

Ernährungswissenschaftler werden Ihnen auf die Frage nach Regeln zur Ernährung sagen, dass es keine garantierten Regeln gibt, die auf jeden Menschen gleichermaßen zutreffen. Jeder Mensch reagiert auf Lebensmittel und Inhaltsstoffe anders. Die einzelnen Bestandteile der Nahrung sind nicht schädlich – es ist die Kombination im Zusam-menhang mit den Umständen und der Lebensart des Menschen, die sich auf den Organismus auswirkt. Einige Kombinationen führen zu Übergewicht, andere zu Mangelerscheinungen. Es ist wichtig, dass Sie auf Ihr Körpergefühl achten und ehrlich zu sich sind.

Wenn Sie abnehmen möchten, dann sorgen Diäten dafür, dass Sie mit einer negativen Energiebilanz an die Fettreserven des Körpers gehen. Nach Beendigung der Diät füllen sich die Reservepools meist schnell wieder auf. Der Jojo-Effekt tritt ein.

Um aus diesem Kreislauf auszubrechen, hilft nur, sich zukünftig bewusster zu ernähren:

Essen Sie nur, wenn Sie hungrig sind!
- kein Naschen zwischendurch
- kein Frustessen
- kein Greifen nach Keksen, weil diese gerade auf dem Tisch stehen.

Essen Sie eine hochwertige Mahlzeit, wenn Sie hungrig sind!
- Achten Sie auf die gesunde Zusammensetzung von mehrfach ungesättigten Fetten, etwas Eiweiß und komplexen Kohlenhydraten (Vollkorn + Gemüse).

Nehmen Sie sich zum Essen Zeit: Kauen Sie langsam und gründlich!
- Speicheln Sie das Essen beim Kauen gut ein.
- Essen Sie nicht in Hast, das schlägt auf den Magen.
- Je langsamer Sie essen, desto eher stellt sich das Sättigungsgefühl ein und Sie nehmen keine übergroßen Portionen zu sich.

Achten Sie auf Ihren Energiehaushalt!
- Nehmen Sie täglich nur die Kalorienmenge zu sich, die zu Ihrem Körpergewicht und Arbeitsalltag passt.
- Gehen Sie zu einem Ernährungsberater und lassen Sie sich Ihren Kalorienbedarf ausrechnen.
- Besprechen Sie dann mit dem Ernährungsberater den passenden Speiseplan für Sie.
- Führen Sie ein Tagebuch (oder lassen Sie es für sich führen!), in dem Sie jede Nahrungsaufnahme verzeichnen.
- Anhand des Nahrungs-Journals kann Ihr Ernährungsberater einschätzen, wie Sie sich ernähren und wo die Möglichkeit besteht, etwas zu verbessern.

Strukturieren Sie Ihren Ess-Alltag!
- Wenn Sie denken, es gäbe keine festen Zeiten in Ihrem Arbeitsalltag für Pausen, dann denken Sie in die falsche Richtung.

- Reden Sie auch mit Ihren Kolleginnen und Mitarbeitern über dieses Thema, suchen Sie gemeinsam nach Lösungen.
- Stellen Sie Ihren Ess-Tag auf (Siehe der ideale Tag! Seite 48).
- Bauen Sie in jeden Arbeitstag Ihren Ess-Tag ein!

TIPP   BEVORZUGEN SIE FRISCHE LEBENSMITTEL!

Die Menge macht's

Nudeln, Brot, Reis, Schokolade, Gebäck und Desserts enthalten viele Kohlenhydrate. Damit diese sich tatsächlich positiv auf ihre Leistungsfähigkeit auswirken, sollten Sie Kohlenhydrate immer in Kombination entweder mit Fett (Butterbrot) oder Eiweiß (Müsli mit Joghurt) verzehren. Damit erreichen Sie, dass „der Zucker" langsam ins Blut aufgenommen wird und Sie langanhaltender satt und fit sind.

Aber: Wenn Sie sehr viele Kohlenhydrate aufnehmen, schüttet der Körper Insulin aus, um den Zucker abzubauen. Je größer die Menge an Kohlenhydraten, desto höher ist der Insulinausstoß, der kontraproduktiv auf Ihre Leistungen wirkt, da schon nach einer halben Stunden die Zucker verstoffwechselt sind und dem Blutkreislauf wieder fehlen.[37] Sie fühlen sich schlapp und schlecht versorgt, haben möglicherweise bald wieder Heißhunger, nehmen schließlich an Gewicht zu, der Cholesterinwert erhöht sich und es entwickelt sich möglicherweise eine Diabetes II.

Frische Lebensmittel kaufen

Frische naturbelassene Lebensmittel sind qualitativ hochwertiger und wertvoller als Fertigprodukte. Streichen Sie die Fertigprodukte wie Tütensuppen, Kühlregallasagne oder Tiefkühlpizza ab sofort von Ihrem Speiseplan!

Reichlich pflanzliche Lebensmittel verzehren

Die Deutsche Gesellschaft für Ernährung rät, dass rund drei Viertel der insgesamt verzehrten Lebensmittel pflanzlich sein sollten: „Eine hohe Zufuhr von Ballaststoffen insgesamt und vor allem aus Vollkornprodukten als ballaststoffreiche, weniger verarbeitete Lebensmittel senkt das Risiko für ernährungsmitbedingte Krankheiten wie Herz-Kreislauf-Krankheiten, Bluthochdruck und einige Krebskrankheiten. Auch ein hoher Verzehr von Gemüse und Obst kann zur Prävention chronischer ernährungsmitbedingter Krankheiten beitragen."[34]

Auch in der ökologischen Bilanz schneidet die vorwiegend pflanzliche Ernährung positiv ab. Pflanzliche Lebensmittel benötigen einen relativ geringen Energieaufwand: Dieser ist für die Erzeugung tierischer Produkte 2,5- bis 5-mal höher als für pflanzliche Lebensmittel.[35]

TIPP — VERWECHSELN SIE HUNGER NICHT MIT APPETIT UND LUST AUF ESSEN, LERNEN SIE ENTSPRECHEND ZU UNTERSCHEIDEN UND ZU REAGIEREN.

KONTROLLIEREN SIE IHRE ESSGEWOHNHEITEN, SCHAUEN SIE AB SOFORT GENAU HIN, WAS SIE ESSEN.

BEGNÜGEN SIE SICH MIT ETWA ZWEI DRITTELN, WENN SIE EINE RIESIGE PORTION VOR SICH STEHEN HABEN.

ESSEN SIE ZU GROSSE MENGEN AN BEILAGEN NICHT AUF, LASSEN SIE DIESE STEHEN.

KAUEN UND ESSEN SIE LANGSAM UND ACHTEN SIE AUF IHR SÄTTIGUNGSGEFÜHL.

Zehn goldene Regeln für vollwertige Ernährung

Die Deutsche Gesellschaft für Ernährung hat zehn Regeln formuliert, nach denen Sie eine vollwertige Ernährung gestalten sollten.[182]

1. Vielseitig essen

Ernähren Sie sich ausgewogen mit abwechslungsreicher Auswahl, geeigneter Kombination und angemessenen Mengen nährstoffreicher und energiearmer Lebensmittel.

2. Getreideprodukte

Brot, Nudeln, Reis, Getreideflocken, am besten aus Vollkorn, sowie Kartoffeln enthalten reichlich Vitamine, Mineralstoffe sowie Ballaststoffe und sekundäre Pflanzenstoffe.

3. Gemüse und Obst: Nimm „5 am Tag"

Genießen Sie fünf Portionen Gemüse und Obst am Tag, möglichst frisch, nur kurz gegart, oder auch eine Portion als Saft – idealerweise zu jeder Hauptmahlzeit und auch als Zwischenmahlzeit.

4. Täglich Milch und Milchprodukte; ein- bis zweimal in der Woche Fisch, Fleisch, Wurstwaren sowie Eier in Maßen

Diese Lebensmittel enthalten wertvolle Nährstoffe, zum Beispiel Milch das Calcium oder Seefisch Jod, Selen und Omega-3-Fettsäuren. Fleisch ist Lieferant von Mineralstoffen und Vitaminen (B_1, B_6 und

B_{12}). Mehr als 300 bis 600 Gramm Fleisch und Wurst pro Woche sollten es aber nicht sein.

5. Wenig Fett und fettreiche Lebensmittel

Fett liefert lebensnotwendige (essenzielle) Fettsäuren. Fetthaltige Lebensmittel enthalten auch fettlösliche Vitamine. Fett ist besonders energiereich, daher kann zu viel Nahrungsfett Übergewicht fördern. Zu viele gesättigte Fettsäuren erhöhen das Risiko für Fettstoffwechselstörungen, mit der möglichen Folge von Herz-Kreislauf-Krankheiten. Bevorzugen Sie pflanzliche Öle und Fette (zum Beispiel Raps- und Sojaöl und daraus hergestellte Streichfette). Achten Sie auf unsichtbares Fett, das in Fleischerzeugnissen, Milchprodukten, Gebäck und Süßwaren sowie oft in Fastfood- und Fertigprodukten enthalten ist.

6. Zucker und Salz in Maßen

Verzehren Sie Zucker und Lebensmittel bzw. Getränke, die mit verschiedenen Zuckerarten (zum Beispiel Glucosesirup) hergestellt wurden, nur gelegentlich. Würzen Sie kreativ mit Kräutern und Gewürzen und wenig Salz. Verwenden Sie Salz mit Jod und Fluorid.

7. Reichlich Flüssigkeit

Wasser ist absolut lebensnotwendig. Trinken Sie rund 1,5 Liter Flüssigkeit jeden Tag. Bevorzugen Sie Wasser und andere energiearme Getränke. Alkoholische Getränke sollten nur gelegentlich und nur in kleinen Mengen konsumiert werden.

8. Schmackhaft und schonend zubereiten

Garen Sie bei möglichst niedrigen Temperaturen, soweit es geht kurz, mit wenig Wasser und wenig Fett, das schont die Nährstoffe und verhindert die Bildung schädlicher Verbindungen.

9. Sich Zeit nehmen und genießen

Essen Sie nicht nebenbei! Lassen Sie sich Zeit beim Essen. Das fördert Ihr Sättigungsempfinden.

10. Auf das Gewicht achten

... und in Bewegung bleiben. Ausgewogene Ernährung, viel körperliche Bewegung und Sport gehören zusammen.

Der Ernährungskreis mit seinen Lebensmittelgruppen

Der Ernährungskreis der Deutschen Gesellschaft für Ernährung[36] zeigt deutlich auf, wie viel Sie von welchen Lebensmittelgruppen zu sich nehmen sollten. Im Folgenden werden die Elemente des Ernährungskreises in verkürzter Form wiedergegeben.

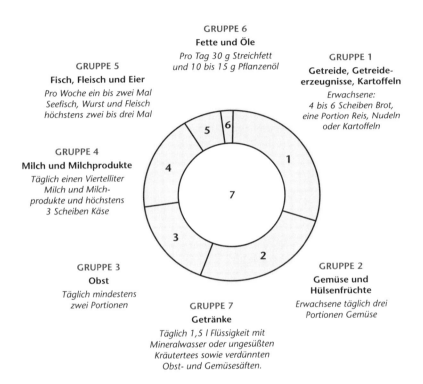

GRUPPE 6
Fette und Öle
Pro Tag 30 g Streichfett und 10 bis 15 g Pflanzenöl

GRUPPE 5
Fisch, Fleisch und Eier
Pro Woche ein bis zwei Mal Seefisch, Wurst und Fleisch höchstens zwei bis drei Mal

GRUPPE 1
Getreide, Getreideerzeugnisse, Kartoffeln
Erwachsene: 4 bis 6 Scheiben Brot, eine Portion Reis, Nudeln oder Kartoffeln

GRUPPE 4
Milch und Milchprodukte
Täglich einen Viertelliter Milch und Milchprodukte und höchstens 3 Scheiben Käse

GRUPPE 3
Obst
Täglich mindestens zwei Portionen

GRUPPE 7
Getränke
Täglich 1,5 l Flüssigkeit mit Mineralwasser oder ungesüßten Kräutertees sowie verdünnten Obst- und Gemüsesäften.

GRUPPE 2
Gemüse und Hülsenfrüchte
Erwachsene täglich drei Portionen Gemüse

2.2.3 Trinken Sie sich fit!

Die meisten Menschen sind über gesunde und ungesunde Getränke gut informiert. Dennoch begehen Sie offenen Auges jeden Tag zwei große Fehler:

- Obwohl sie wissen, dass der Mensch zu 75 Prozent aus Wasser besteht und die Organsysteme wie auch Blut- und Zelldruck auf ausreichend Flüssigkeit angewiesen sind, um gut zu arbeiten, nehmen sie zu wenig Flüssigkeit zu sich.

- Obwohl sie wissen, dass Softdrinks aufgrund ihrer Zusammensetzung Kalorienbomben mit enormen Mengen an Zucker oder Süßstoff sind, Organen, Zähnen und Magen schaden, greifen Sie immer wieder gern zu Cola, Fanta & Co.

Was passiert aber, wenn Menschen, die hohe Leistungen im Alltag vollbringen möchten, zu wenig und das Falsche trinken? Sie nehmen an Gewicht zu, ermüden schneller, fühlen sich schlapp und sehen auch so aus.

Es wird empfohlen, täglich mindestens 1,5 Liter Flüssigkeit zu sich zu nehmen. Am besten über den Tag verteilt, denn der Mensch kann nicht auf Vorrat trinken. Deshalb ist es am gesündesten, jede Stunde etwa 0,2 Liter zu trinken. Alkohol gehört allerdings nicht dazu. Wohingegen Tees und Kaffee in die Tagesration einberechnet werden dürfen. Selbstverständlich sind diese Angaben nur Empfehlungen. Achten Sie auf Ihr Durstgefühl. In der Regel sagt es Ihnen, wann wieder Zeit zum Trinken ist. Verlassen können Sie sich auf das Gefühl allerdings nicht. Bei älteren Menschen nimmt es ab. Unter Stress kann es übergangen werden. Wichtig sind auch der körperliche Zustand und ob Sie schwitzen, ebenso die Temperaturen und die Jahreszeit. Dann kann die Tagesmenge um einige Liter steigen.

Checkliste: Trinken Sie zu wenig?

Überprüfen Sie es selbst.[37]

	Ja	Nein
Fühlen Sie sich müde und schlapp?		
Ist Ihre Haut trocken und mit kleinen Fältchen überzogen?		
Sehen Sie blass aus?		
Haben Sie Augenringe?		
Fühlen Sie sich matt und schwindelig?		
Haben Sie oft kalte Hände und/oder Füße?		
Bekommen Sie schnell Kopfweh?		

Wenn Sie die meisten Fragen mit Ja beantworten konnten, dann trinken Sie vermutlich zu wenig. Erste Hilfe ist hier: Trinken Sie täglich etwa zwei Liter Wasser, am besten ohne Kohlensäure.

2 Ernährung

Was Wasser alles kann

- Es hilft gegen Müdigkeit,
- hilft gegen Kopfschmerzen,
- macht in der richtigen Menge fit und munter,
- verursacht keinen Stress für nervöse Mägen und Därme und
- mildert einen Kater am Morgen.

Welches Wasser ist gut für uns?

Der menschliche Körper besteht zu 75 Prozent aus Wasser, das Gehirn zu mehr als 90 Prozent. Wasser benötigt unser Körper für den Transport von Nährstoffen, Enzymen, Fermenten, Vitaminen, Spurenelementen und ebenso, um Gift- und Ausscheidungsstoffe auszuleiten. Dies alles sind gewichtige Argumente, um täglich viel Wasser zu trinken. Doch welches Wasser ist das richtige? Zwei grundsätzliche Dinge sind bei der Wasserwahl zu beachten:

Das Wasser sollte am besten *kohlensäurefrei* und *mineralarm* sein!

Kohlensäurefreie Argumente

Falls Sie Mineralwasser mit Kohlensäure trinken, dann versuchen Sie, diese Gewohnheit umzustellen. Möglicherweise spüren Sie recht bald eine Verbesserung des Verdauungsapparates. In einer Theorie heißt es, dass Kohlensäure sauer auf unseren Körper wirkt, und ein übersäuerter Körper kann keine großen Leistungen mehr vollbringen.[38] Manche Menschen bekommen außerdem Sodbrennen, Magendrücken oder Blähungen von Kohlensäure.

Kohlenstoffdioxid wird seit dem 19. Jahrhundert Wassern zugesetzt, um diese haltbarer zu machen, und ist noch heute bei der sterilen Verpackungstechnik beliebt. Da Kohlensäure desinfiziert, wird Sprudelwasser auch nicht schlecht. Geöffnetes kohlensäurefreies Wasser ist dagegen nur bis zu 3 Tage keimfrei genießbar.

Bei Kohlensäure handelt es sich um eine Säure, die sich auch im Blut aus dem CO_2 aus der Zellatmung bildet und im Organismus dissoziiert und somit auf das Säure-Basen-Gleichgewicht wirkt. Tatsächlich senkt kohlensäurehaltiges Wasser den pH-Wert, was sich in einem übersäuerten Magen schmerzhaft auswirkt.

Das sind eigentlich genügend Argumente, um zu kohlensäurefreiem Wasser zu greifen. Nach wenigen Tagen haben Sie sich an den neuen

Geschmack gewöhnt. Und wenn Sie spüren, wie wohl Sie sich mit diesem Wasser fühlen, wird Ihnen die Umstellung leicht fallen.

Mineralarme Argumente

Falls Sie bis jetzt dachten, Sie können mit dem Mineralwasser gleich zwei Fliegen mit einer Klappe schlagen, müssen wir Sie leider enttäuschen. Stark mineralhaltiges Wasser ist nicht unbedingt gesund! Die Mineralien im Wasser kommen meist in zu großen Molekülen vor, als dass sie gänzlich vom Körper aufgenommen werden könnten. Im besten Fall werden sie einfach wieder ausgeschieden. In vielen Fällen jedoch lagern sie sich in den Blutgefäßen und Arterien ab.[39] Die Folge können Arthrose und verkalkte Arterien sein. Kalzium und Magnesium kann der Körper recht gut aufnehmen, sofern nicht mehr als 250 ml in einer halben Stunde getrunken werden. Aber wichtig ist hier ebenfalls das Mittelmaß. Menschen mit hohem Blutdruck sollten gänzlich die Finger von natriumreichem Wasser lassen und Mineralien und Spurenelemente besser mit der Nahrung als mit dem Wasser dem Körper zuführen.

Trinkwasser, Mineralwasser oder Tafelwasser?

Das Trinkwasser in Deutschland gehört zu den am meisten untersuchten Lebensmitteln und unterliegt hohen Standards. Dadurch kann es höhere Qualität besitzen als manche abgepackte Wässer. Allerdings darf Trink- und Tafelwasser im Gegensatz zum Mineralwasser aufbereitet sein und muss nicht „ursprünglich rein" sein.

In Deutschland gibt es Hunderte Sorten Wasser, die sich mehr oder weniger unterscheiden.

Natürliches Mineralwasser

ist qualitativ oft sehr hochwertig und stammt aus dem Niederschlag, der durch die Erde sickert und Mineralstoffe und Spurenelemente aufnimmt. Abgefüllt wird es aus einer amtlich anerkannten Quelle.

Quellwasser

ist qualitativ gut, mineralarm, unbehandelt und stammt aus unterirdischen Quellen.

Tafelwasser

ist gereinigtes Leitungswasser, dem Mineralstoffe und Spurenelemente zugesetzt wurden.

2 Ernährung

Leitungswasser

unterliegt strengen Auflagen und ist deutschlandweit von hoher Qualität. Allerdings kann es sich hier um gereinigtes Wasser handeln, das von Schadstoffen, Antibiotika und Rückständen befreit worden ist.

TIPP GREIFEN SIE ZU MINERALWÄSSERN AUS DER REGION UND NICHT ZU LUXUSWÄSSERN VON INSELN ODER VULKANEN, DIE TAUSENDE FLUGKILOMETER HINTER SICH HABEN. SIE DIENEN DAMIT WEDER SICH NOCH DER UMWELT.

TIPP BEVORZUGEN SIE GLAS- GEGENÜBER PLASTIKFLASCHEN, DA IN LETZTEREN CHEMISCHE VERBINDUNGEN BESONDERS BEI SONNENEINSTRAHLUNG FREIGESETZT WERDEN KÖNNEN.

Welche Getränke sind gut für uns?

Grundsätzlich sind die meisten Getränke, die Ihnen während eines Meetings oder in Kiosken angeboten werden, tatsächlich ungesund.

Softdrinks haben einen niedrigen pH-Wert und übersäuern Ihren Körper. Der große Zuckergehalt wirkt als Kalorienbombe und verbraucht beim Abbau Mengen an Basen, wodurch Ihr Säure-Basen-Gleichgewicht zusätzlich ungünstig verschoben wird.

Trinken Sie

- kohlensäurefreies und mineralarmes Wasser
- heißes oder warmes Wasser
- Kräutertees
- Schwarzen Tee und Kaffee (in üblicher Konzentration) nicht mehr als zwei Tassen pro Tag, aufgrund der aufputschenden Wirkung (manche Menschen vertragen aber auch mehr, manche weniger)
- 1 bis 2 Tassen grünen Tee
- nicht mehr als ein Glas Saftschorle pro Tag aufgrund des Kaloriengehalts
- ungesüßte Gemüsesäfte, da sie basisch wirken
- frisch gepresste Obstsäfte, sofern sie diese ausgleichen, da Obstsäfte sauer wirken
- nicht mehr als ein Glas Alkohol (zum Beispiel einen Achtel Liter Wein) mit ausreichend Wasser.

TIPP   GREIFEN SIE NICHT ZU

- MEHR ALS 1 GLAS ALKOHOL PRO TAG
- ALKOHOL ALS EINSCHLAFMITTEL
- SAFT PUR ALS ERSATZ FÜR FRISCHES OBST
- SOFTDRINKS WIE COLA, LIMONADEN, MIXDRINKS
- POWER DRINKS.

TIPP   GEWÖHNEN SIE SICH TRINKRITUALE AN – UND STEIGERN SIE IHRE LEIS-
TUNGSFÄHIGKEIT.

- TRINKEN SIE NUR MINERALWASSER OHNE KOHLENSÄURE.
- TRINKEN SIE EVENTUELL JEDEN MORGEN NACH DEM AUFSTEHEN
  EIN GLAS WASSER.
- TRAGEN SIE IMMER EINE FLASCHE MINERALWASSER BEI SICH.
- DEPONIEREN SIE JE NACH WETTERLAGE EINEN KASTEN MINERALWAS-
  SER IN IHREM BÜRO UND IM AUTO.
- GREIFEN SIE ZU JEDER VOLLEN STUNDE ZUM WASSERGLAS UND
  TRINKEN SIE.
- TRINKEN SIE NACH JEDEM TELEFONAT EINIGE SCHLUCK WASSER.

2.2.4 Der ideale Ernährungstag

Ernährung liefert Ihnen ausgewogene Energie. Wenn Sie sich den
gesamten Tag über gut ernähren, können Sie durchgehend gute Leistungen vollbringen. Im Folgenden machen wir Ihnen einige Vorschläge, wie der ideale Ernährungstag aussehen könnte.

Nach dem   1 Glas stilles Wasser trinken
Aufstehen

Frühstück   Zu Hause – planen Sie dafür eine halbe Stunde ein!
Es lohnt sich, dafür eher aufzustehen.

Trinken
Kräutertee oder auch 1 Tasse grüner Tee
Möglich: schwarzer Tee oder wenn Kaffee,
dann im Espresso-Röstverfahren mit Vollmilch
oder auch Schafs-, Ziegen- oder Sojamilch
(bei Laktoseunverträglichkeit)
Hafer- und Reismilch
Dazu: 1 Glas stilles Wasser

Essen
Dinkelbrot mit Magerquark
Haferflocken mit gestückeltem Frischobst
oder mit ungeschwefeltem Trockenobst
Naturjoghurt
Besser Butter als Margarine
Bio-Aufstriche aus dem Reformhaus
Eher Ei als Wurst
Oder: Müsli aus Haferflocken, Obst und fettarmen
Milchprodukten

Im Büro/
unterwegs

Trinken
Keine zuckerhaltigen Getränke aus dem Rondell
im Sitzungszimmer! Ausschließlich: stilles mineralarmes Mineralwasser aus dem eigenen Kasten, der
bei Ihnen immer im Büro steht, sowie Kräutertees,
die vorrätig sind, oder einfach heißes Wasser!

Essen
Zwischendurch ausschließlich Obst (Banane),
Trockenfrüchte (ungeschwefelt) oder frisches
Gemüse sowie Nüsse oder Nussmischungen wie
Studentenfutter!

Mittagstisch/
Lunch

Trinken
Mineralwasser
Verdünnter Obstsaft

Vorspeise
Gemüsesuppen ohne Fleisch
Salate mit Essig-Öl-Dressing
Kein Brot

Hauptspeise
Nur zweimal die Woche Fleisch oder Fisch (Seefisch,
Lachs) mit Gemüse/Kartoffeln
Einmal die Woche Salat
Die restlichen Tage vegetarisch oder kalorien-
bewusst

Nachspeise
Magerjoghurt
Obst
Kleine Kuchen mit Obst

Nachmittag	*Trinken* Keine zuckerhaltigen Getränke aus dem Rondell im Sitzungszimmer! Vor 17 Uhr eine Tasse Kaffee oder schwarzer Tee, auch Grüntee und Kräutertees *Essen* Naturjoghurt (mit Obst) Trockenobst wie Feigen und Datteln
Abendessen	*Trinken* Kräutertee Eventuell ein Glas Bier oder Wein zum Essen Mineralwasser *Essen warm* Gegrillter Fisch mit Gemüse Gemüsegulasch Gemüse mit Reis *Essen kalt* Vollkornbrot mit Gemüseaufstrichen aus dem Reformhaus Käse oder Molkereiprodukte, dazu Salat aus Gemüse der Saison Rote Bete
Vor dem Schlafen	*Trinken* Kräutertee mit Hopfen, Orangenblüten, Melisse, Johanniskraut, Lavendel Heiße Milch mit Honig

TIPP

LEGEN SIE SICH EINEN VORRAT AN!

HERRSCHT BEI IHNEN GÄHNENDE LEERE IN KÜHLSCHRANK? DANN IST DER GANG ZUM FASTFOOD-STAND ODER PIZZASERVICE GERADEZU VORPROGRAMMIERT. AB SOFORT SOLLTEN SIE MEHR ZEIT UND ENERGIE IN EINE VORRATSHALTUNG INVESTIEREN, DENN NUR SO KÖNNEN SIE NAHRUNG FRISCH UND DAMIT ENERGIEREICH ZUBEREITEN.

2.2.5 Do's and don'ts: Essen

Do's – Essen

- Fünf Mal am Tag frisches Obst oder Gemüse essen.
- Jede Portion an Obst sollte nur so groß sein, dass sie in die Hand passt (ansonsten überlastet sie den Darm).
- Regelmäßig ausgewogene Mahlzeiten zu sich nehmen.
- Dinkelbrot statt Weizenbrot essen.
- Nicht zu viel Brot essen.
- Nur noch frische Lebensmittel und keine Fertigprodukte kaufen (Tiefkühlprodukte sind ebenfalls erlaubt).
- Kohlenhydrate reduzieren.
- Salatdressings aus Essig und Öl bevorzugen.
- Süßigkeiten, Müsliriegel und Schokokekse dankend ablehnen.
- Sich gerne an seine Gesundheit erinnern.
- Essen Sie nur, wenn Sie Hunger haben. Verwechseln Sie Hunger nicht mit Gelüsten.
- Essen Sie nur so viel, bis Sie satt sind. Je langsamer Sie kauen, desto eher kann das Sättigungsgefühl einsetzen.

Don'ts – Essen

- Täglich Frittiertes essen, egal ob Pommes oder Kartoffelecken.
- Fertigprodukte kaufen oder essen.
- Mehr als zweimal die Woche Fleisch mit (vielen) Kohlenhydraten essen.
- Müsliriegel und Schokokekse gegen Heißhungerattacken essen.
- Essen, wenn Sie Lust darauf haben und gar nicht hungrig sind.
- Bei Stress zu Süßigkeiten greifen.
- Frühstück beim Bäcker oder Fleischer holen: Fette Wurst macht träge, Weizenbrötchen halten nicht lange vor, die Qualität der Produkte haben Sie nicht unter Kontrolle!
- Essen Sie nicht über den Hunger hinaus, dadurch überstrapazieren Sie Ihren Körper.

Speisen, die auf Ihrem Speiseplan stehen sollten

Frühstück

Vollkornbrötchen
Magermilchquark
Fettarmer Käse
Fettarmer Frischkäse
Kräuter
Obstmus
Müsli ohne Zucker
Naturjoghurt
Avocado
Frisch gepresste Obst- oder Gemüsesäfte

Snacks/Zwischen-mahlzeiten

Banane
Obstshake ohne Zucker
Äpfel und Orangen
Karottenschnitze
Naturjoghurt mit Obst
Vollkornbrot
Käse und Hüttenkäse
Müsliriegel ohne Zucker
Müsli mit Naturjoghurt
Haferflocken mit Obst und Zimt
Kefir
Salat

Warme Mahlzeiten

Biogeflügel
Biofleisch
Fisch aus Biozucht oder Wildfang, Meeres-fisch nur nach zertifiziertem Netzfang
Gemüsesuppen
Gemüseragout
Eintöpfe
Reisauflauf

Beilagen

Vollkornreis
Vollkornnudeln
Kartoffeln
Süßkartoffeln
Hirse

	Quinoa
	Bulgur
	Couscous
	Gemüse aller Art
Abendessen	Naturgebratenes Geflügel oder Fisch
Leichte warme Mahlzeiten	Gemüseragouts
	Leichte Suppen
	Reisauflauf
	Vollkornbrot
	Knäckebrot
	Fettarme Aufstriche aus dem Reformhaus, von Olive bis Bärlauch
	Mageres Geflügel
	Magerer Schinken
	Fettarmer Käse
	Quark/Topfen mit Kräutern
	Salate
	Rote Bete

2.2.6 Do's & Don'ts: Trinken

Do's – Trinken

- Ein Glas stilles Wasser nach dem Aufstehen trinken.
- Jeden Tag 1 bis 2 Liter kohlensäurefreies und mineralarmes Wasser trinken.
- Kräutertees trinken – je nach Geschmack und Lust.
- Nicht mehr als 2 bis 3 Tassen Kaffee/Schwarztee trinken.
- Nicht mehr als mit einem Teelöffel Zucker süßen.
- Anstatt anderer Süßungsmittel lieber (braunen) Zucker und Steviablätter (nicht künstlich hergestelltes Stevia) verwenden.
- Alkohol höchstens zwei bis drei Mal die Woche in geringer Menge zu sich nehmen.
- Kuhmilch in geringen Mengen trinken, besser Soja- oder Ziegenmilch.
- Gemüsesäfte, ungezuckert oder selbstgepresst.
- Säfte zur Hälfte mit Wasser mischen.

Don'ts – Trinken

- Zu Softdrinks wie Limo, Fanta, Cola & Co. im Meeting greifen.
- Kaffee/schwarzen Tee nach 17 Uhr trinken.
- Mehr als 1 Glas Bier oder 1 Glas Wein täglich trinken.
- Alkohol als Einschlafhilfe benutzen.
- Mehr als 2 bis 3 Tassen grünen oder schwarzen Tee sowie Kaffee.
- Saft pur als Ersatz für frisches Obst trinken.
- Power Drinks einnehmen.

Getränke, die auf Ihrem Speiseplan stehen sollten

Morgens	Ein Glas Wasser
Frühstück	Kaffee (ungesüßt, da Zucker müde macht) mit Milch/Sojamilch Tee Kräutertee Frischgepresster Obst- oder Gemüsesaft
Mittag(essen)	Mineralwasser Espresso nach dem Essen oder Kaffee am Nachmittag
Tagsüber/Nachmittag	Nicht mehr als 2 bis 3 Tassen Kaffee oder schwarzer Tee am Tag Verdünnte ungezuckerte Obst- und Gemüsesäfte Kräutertees (ungesüßt)
Abendessen	1 Glas Bier oder Wein zwei bis drei Mal die Woche Mineralwasser Kräutertees
Vor dem Schlafen	Beruhigend wirkende Kräutertees Ein Glas Milch mit Honig

3 Mentale Fitness

3.1 Stressfrei leben und arbeiten

3.1.1 Stress und Burnout

Dauerhafter Stress kann krank machen. Anhaltender chronischer Stress besonders. Wir sind in unserem täglichen Arbeitsumfeld zahlreichen Faktoren ausgesetzt, die Stress auslösen können: von außen in Form von Zeitdruck, Arbeitspensum oder einem unfreundlichen Umfeld, von innen in Form von Ängsten, Schlafmangel oder anderen Problemen.

Hält der Stress längere Zeit an, kann dieser Zustand zu weiteren Schwierigkeiten führen. Unregelmäßige und ungesunde Ernährung führt zu Übergewicht, beruhigende Mittel wie Alkohol, Schlaftabletten oder Zigaretten sollen eigentlich zur Entspannung führen. Mit Familie oder Freunden wird immer weniger Zeit verbracht und es werden zu wenige Erholungsphasen eingelegt. Die Belastbarkeit und Stresstoleranz sinken zunehmend und damit auch das Leistungsvermögen, ebenso wie das psychische Wohlbefinden.

In den vergangenen Jahren konnten zahlreiche Strategien erprobt werden, die helfen, den Schädigungen durch Stress zu entgehen. Zunächst sollte jeder stressbelastete Mensch sich genau ansehen, welche Faktoren Stress auslösen. Anschließend hilft es, Wege aus dem Stress zu suchen und die eigenen Ressourcen zu stärken.

Wir werden uns diesen Punkten in den folgenden Abschnitten ausführlich widmen.

TIPP VERSUCHEN SIE IM UMGANG MIT STRESS DIE GLEICHE INTENSITÄT AUFZUWENDEN WIE BEIM ABARBEITEN IHRES TÄGLICHEN ARBEITSPENSUMS, IHRER ZAHLREICHEN PROJEKTE UND ARBEITSIDEEN. WENN SIE DEN STRESSURSACHEN MIT DIESEM ENGAGEMENT BEGEGNEN, WERDEN SIE BALD EFFIZIENTE WEGE AUS DEM STRESS FINDEN!

Was ist Stress?

Stress lässt sich in zwei Arten unterscheiden, in den positiven Eu- und den negativen Distress. Beide Stressarten können fließend ineinander übergehen, worin ein Problem für Betroffene liegt, diese auseinander-zuhalten.

Stress ist als Belastung zu erklären. Unser Körper ist in jedem Augen-blick Belastungen ausgesetzt und benötigt diese, damit Muskeln auf-gebaut werden und Herz-Kreislauf-System und Gehirn gut arbeiten. Dafür sorgt der positive Eustress, indem er etwa Hormone ausschüt-tet oder die Blutzirkulation ankurbelt. Vereinfacht bedeutet dies: In außergewöhnlichen Situationen kann unser Körper in seinem lebenserhaltenden Sinne optimal reagieren. Positiver Nebeneffekt: Eustress steigert die Leistungsfähigkeit von Körper und Gehirn! Mit leichter Anregung lernt und denkt es sich besser.

Wird allerdings aus der Belastung eine Überlastung, bei der das Ver-hältnis zwischen der Ausschüttung der Hormone und deren Abbau, also zwischen Stress und Stressreaktion nicht mehr stimmt, und der Mensch in einen anhaltenden Stresszustand versetzt wird, den so genannten Distress, reagiert er auf körperlicher und mentaler Ebene mit Dysfunktionen – und wird letzlich krank.

Schnelle und langsame Stressreaktion

Der Mensch antwortet auf Stress auslösende Faktoren mit einer schnellen und einer langsamen Reaktion. Bei der schnellen Reaktion werden Katecholamine (Adrenalin und Noradrenalin) ausgeschüttet, die Herz, Kreislauf, Muskulatur, Atmung und weitere Systeme anre-gen. Für die langsame Stressreaktion produziert der Körper Cortisol, das unter anderem für einen Blutzuckeranstieg sorgt. Beide Reaktions-prozesse bewirken, dass der Mensch in einer Stresssituation optimal agieren kann.

Das Gehirn entscheidet – Fight or Flight

Wird ein Stressreiz vom Nervensystem wahrgenommen, entscheiden verschiedene Regionen im Gehirn über die Verarbeitung. Im Limbi-schen System, das unter anderen auch für eine emotionale Bewer-tung zuständig ist, löst vor allem der Mandelkern, die so genannte Amygdala, eine Reaktion aus und aktiviert Körperfunktionen, die zusätzliche Energie bereitstellen, um eine lebensnotwendige Strategie zu fahren.

Für unsere Ahnen galt es in kürzester Zeit zu entscheiden, ob es sich zu kämpfen lohnt oder ob die Flucht die beste Methode ist, um eine bedrohliche Situation lebend zu überstehen.[40] Nur: Wo kann in unserem Alltag heute noch die Fight-or-flight-Reaktion ausgelebt werden? Wer kann während einer stressigen Verhandlung das Büro (fluchtartig) verlassen? Oder mit Körpereinsatz kämpfen? Stattdessen muss die Situation ausgehalten werden. Die durch die Stressreaktion bereitgestellten Energiestoffe können nicht abgebaut werden, sondern beginnen auf unterschiedliche Weise die Körpergefäße und Organe zu beeinträchtigen. Bei lang anhaltenden Stresszuständen können Arteriosklerose, Herz- und Hirninfarkte die Folge sein. Auch das freigesetzte Cortisol für die langsame Stressreaktion startet verschiedene Systeme, die bei anhaltendem Stress Krankheiten von der Blutzuckererhöhung bis zum Muskelschwund hervorrufen.

Tend and Befriend

Frauen scheinen in bestimmten Stresssituationen anders zu reagieren. Das ausgeschüttete Hormon Oxytocin bewirkt bei ihnen, dass sie in manchen Situationen eher beschwichtigend als aggressiv reagieren. Unter Stress werden im weiblichen Gehirn einige andere Regionen als im männlichen Gehirn aktiviert. Und das führt möglicherweise zu diesen anderen Reaktionen.[41]

Was Stress auslöst

Stress auslösende Faktoren, die so genannten Stressoren, können auf unterschiedlichen Gebieten auftreten, im Arbeitsleben ebenso wie im privaten Bereich. Sie lösen Reaktionen aus, die dazu führen, dass ein Mensch in der jeweiligen Situation überfordert scheint; er fühlt sich dieser Situation nicht mehr gewachsen. Die Stress auslösenden Faktoren wirken allerdings auf jeden Menschen anders, da jeder auf unterschiedliche Erfahrungen in seinem Leben zurückgreift und diese Erfahrungen seinem Handeln zugrunde legt. Jeder Mensch entwickelt deshalb individuelle Strategien im Umgang mit der Umwelt und mit Stress. Stressoren wirken auf jeden Menschen anders: Was den einen aufregt, kann andere kaltlassen.

TIPP   ANALYSIEREN SIE GENAU, WOHER IHR STRESS KOMMT UND AUF WELCHE FAKTOREN UND STRESSOREN ER ZURÜCKZUFÜHREN IST.

Mögliche Stressoren im Arbeitsleben

Externe Stressoren

- Belastung in der und durch die Arbeit
- Zeitdruck/Termindruck
- Auseinandersetzungen
- Lärm
- Körperliche Belastungen
- Krankheiten

Endogene Stressoren

- Angst
- Schmerz
- Furcht
- Versagensängste
- Wut
- Scham
- Aufregung
- Anspannung
- Konflikte
- Schlafstörungen
- Destrukturierung
- Entzündungen
- Oxidativer Stress

Als die zehn stressreichsten Lebensereignisse gelten

- Schlafprobleme
- Neue Aufgaben am Arbeitsplatz / neue Tätigkeiten
- Unsicherheit in Bezug auf Arbeit oder Wohnort
- Änderungen der Arbeitszeit oder Arbeitsbedingungen
- Sexuelle Schwierigkeiten oder Probleme
- Umstrukturierungen durch den Arbeitgeber
- Wiederholter Streit mit dem Lebenspartner
- Probleme mit Vorgesetzten
- Ernsthafte Krankheit oder Verletzung eines Angehörigen
- Persönliches Versagen oder größere Fehlentscheidungen

Stressoren – Ereignisse aus dem Lebensalltag[42]

Wie sich psychischer Distress auf den Menschen auswirken kann, verdeutlicht die Skala „The Social Readjustment Rating Scale (SRRS)", die die Psychiater Thomas Holmes und Richard Rahe bereits vor mehr als vierzig Jahren entwickelten, um das Ausmaß von Stress messen zu können. 43 Ereignissen – negativen wie positiven – werden Stresswerte von 0 bis 100 zugewiesen. Es zeigt sich, dass der Stress umso größer ist, je mehr Lebensbereiche den neuen Umständen angepasst werden müssen.

Werte für die erforderliche Anpassungsleistung nach Stressereignissen

Ereignis	Anpassungs-leistung
Tod des Lebenspartners	100
Gerichtliche Scheidung vom Lebenspartner	73
Trennung vom Lebenspartner ohne Scheidung	65
Gefängnisaufenthalt (auch von Angehörigen)	63
Tod eines Angehörigen	63
Ernsthafte persönliche Krankheit oder Verletzung	53
Eigene Hochzeit	50
Verlust des Arbeitsplatzes / der Tätigkeit	47
Zusammenziehen mit (neuem) Lebenspartner	45
Übertritt ins Rentenalter und Ausscheiden aus dem Arbeitsleben	45
Ernsthafte Krankheit oder Verletzung eines Angehörigen	44
Schwangerschaft (eigene oder die der Partnerin)	40
Unsicherheit bezüglich Arbeit oder Wohnort	40
Sexuelle Schwierigkeiten oder Probleme	39
Geburt oder Adoption	39
Neue(r) Arbeitsplatz / Tätigkeit	39
Deutlich weniger Einkommen oder Verlust von Vermögen	38
Deutlich mehr Einkommen oder Gewinn von Vermögen	38
Tod eines Freundes / einer Freundin	37

Umstrukturierungen durch den Arbeitgeber	36
Wiederholter Stress mit dem Lebenspartner	35
Hohe Schulden (mehr als 100 000 Euro) oder monatliche Belastung (mehr als 1000 Euro)	32
Wiederholte Trennung vom Lebenspartner, zum Beispiel bei Wochenendbeziehungen	30
Finanzielle Probleme mit der Bank	30
Neue Aufgaben am Arbeitsplatz / neue Tätigkeiten	29
Auszug eines Kindes	29
Ernste Probleme mit Verwandten	29
Persönliches Versagen oder größere Fehlentscheidungen	28
Außergewöhnlicher persönlicher Erfolg	28
Lebenspartner fängt (wieder) an zu arbeiten	26
Einschulung oder Verlassen der Schule	26
Neue Wohnung oder Haus	25
Lebensumstellung (Psychotherapie, neue Religion o.ä.)	24
Probleme mit Vorgesetzten	23
Größerer Verkehrsunfall	20
Änderungen der Arbeitszeit oder Arbeitsbedingungen	20
Neuer Wohnort	20
Schulwechsel	20
Neue Hobbys oder Freizeitaktivitäten	19
Neue kirchliche oder soziale Aktivitäten	19
Schulden (weniger als 100 000 Euro)	17
Schlafprobleme	16
Große Familientreffen	15
Ernährungsumstellung (wie bei Diabetes)	15
Längerer Urlaub	13
Größere Feiern	12
Geldbußen für kleinere Vergehen, Punkte oder Führerschein-entzug	11

3 Mentale Fitness

Warum Stressoren stressen

Jeder Mensch reagiert anders auf Stress. Eher stressresistente Menschen haben gelernt, mit schwierigen Situationen so umzugehen, dass sie davon weder psychisch noch physisch krank werden.

Wenn ein Mensch nicht fähig ist, sich gegen Beanspruchung oder Belastung zu wehren oder sich bestimmten Anforderungen nicht gewachsen fühlt, kann das viele Ursachen haben. Möglicherweise stimmen innere und äußere Wertesysteme nicht überein. Auch spielt die momentane mentale und emotionale Befindlichkeit eine große Rolle, ebenso wie das Erlebte und Erfahrene.

Das Stressmodell von Lazarus, das nach dem Psychologen Richard Lazarus benannt wurde, zeigt die Wechselwirkungen zwischen Anforderungen der Situation und der handelnden Person, die Stresssituationen herbeiführen können. Vor allem die subjektive Bewertung durch die Person ist hierbei ausschlaggebend.[43]

Umwelt		Reize (Stressoren)		
	Wahrnehmungsfilter	↓ ↓ ↓ ↓	↓ ↓ ↓ ↓	
Person	Primäre Bewertung *Interpretation des Stressors*	positiv	gefährlich Herausforderung, Bedrohung, Verlust	irrelevant
	Sekundäre Bewertung *Analyse der verfügbaren Ressourcen*		Mangelnde Ressourcen	Ausreichende Ressourcen
	Stress			
	Coping *Interpretation des Stressors*		problemorientiert *Situation selbst ändern*	emotionsorientiert *Bezug zur Situation ändern*
	Neubewertung *Anpassen und Lernen*			

Das Stressmodell von Lazarus[183]

Emotionale, mentale und körperliche Ressourcen helfen, dem Stress konstruktiv zu begegnen. Die Stärkung der Ressourcen und die Schulung der Kompetenzen sind deshalb im Umgang mit Stress besonders wichtig.

Stress bewirkt im Körper unterschiedliche chemische Reaktionen und kann sich nachhaltig auf die physische und psychische Befindlichkeit legen.

In den folgenden Abschnitten wird ausführlich beschrieben, was Stress auslösen kann.

Was Stress bewirkt

Stress und seine körperlichen Folgen

Stress legt sich auf den Körper. Seine Reaktionen sind vielfältig. Die chemischen Abläufe, die in einer schwierigen oder bedrohlichen Situation ausgelöst werden, dienten einst dem Überleben. Mit den ausgeschütteten Hormonen und Botenstoffen war es dem Menschen möglich zu fliehen und sein Leben zu retten. Heute verbleiben die chemischen Stoffe bei chronischem Stress zu lange im Körper, sie werden nicht sofort, sondern nur langsam abgebaut und können in dieser Zeit die Systeme nachhaltig schädigen. Der Mensch wird krank.

Abläufe im Körper

Sobald das Gehirn eine Stresssituation wahrnimmt, verarbeitet das Limbische System den Stressreiz. Der Mandelkern (Amygdala) gibt wie bereits erwähnt den Impuls zur Regulierung bestimmter Körperfunktionen wie:

- Erweiterung der Pupillen
- Verminderung des Hautwiderstandes durch vermehrtes Schwitzen
- Erhöhung des Herzschlags
- Steigerung der Atmung
- Auslösung von Angstgefühlen
- Körperliche Anspannung

Dafür werden verschiedene Hormone ausgeschüttet und der Katecholaminspiegel kann auf das 10-fache steigen.[44] Dies wirkt sich auf Herz, Kreislauf, Blutgefäße, Atmung, Skelettmuskulatur, Leber, Darm und Fettgewebe aus.[45]

Verbleiben die Hormone im Körper und werden nicht abgebaut, ziehen sie weitere Reaktionen nach sich:

- Arterien verkalken: Arteriosklerose und Bluthochdruck sind die Folge.
- das Herzinfarktrisiko erhöht sich bei Männern 2-fach, bei Frauen um das 1,5-fache. [46]

- Stärkespeicher in Leber und Muskulatur werden abgebaut und Zucker freigesetzt.
- Fette aus dem Fettgewebe werden ins Blut freigesetzt.

Die Nebennierenrinde schüttet Cortisol aus. Wird dies nicht abgebaut, kann es folgendes bewirken:

- Muskelschwund
- Blutzuckererhöhung bis zur Diabetes
- Fettansatz am Bauch
- Verminderung des HDL-Cholesterins
- Erhöhung des Blutdrucks
- Erhöhte Infektanfälligkeit
- Übererregbarkeit
- Appetitstörungen
- Störungen der Libido
- Schlafstörungen
- Impotenz
- Zyklusstörungen
- Gedächtnisstörungen
- Verminderte Magendurchblutung, Magen-Darm-Erkrankungen

Unter Stress werden Endorphine zur Verfügung gestellt, die die Schmerzempfindlichkeit herabsetzen.[47]

Psychosozialer Stress kann auslösen:

- Autoimmunerkrankungen
- Verstärkung bronchialer Überempfindlichkeit / Asthma
- Migräne
- Schädigung der Zell-DNA
- Erhöhung des Krebsrisikos

Checkliste: Stress – starke Belastungsfaktoren

	selten	geht so	manch-mal	oft
Körperliche Belastungen				
Wie oft habe ich Hunger?				
Wie oft habe ich Durst?				
Ernähre ich mich ungesund?				

	selten	geht so	manch-mal	oft
Leide ich unter einer Krankheit?				
Muss ich mit unzureichendem Schlaf auskommen?				
Soziale Belastungen				
Wie oft fühle ich mich isoliert?				
Wie oft habe ich mit Konflikten zu kämpfen?				
Habe ich Konflikte in der Partnerschaft?				
Habe ich mit starker Konkurrenz zu tun?				
Belastungen am Arbeitsplatz				
Wie oft stehe ich unter Zeitdruck?				
Schaffe ich meine Termine nicht?				
Muss alles perfekt sein?				
Fülle ich meine Stelle wie beschrieben aus?				
Werde ich kontrolliert?				
Umweltbelastungen am Arbeitsplatz				
Ist es laut?				
Ist es kalt?				
Ist es nass?				
Ist es heiß?				
Ist es nicht sauber?				
Sind viele Mitarbeiter im gleichen Raum?				

So werten Sie Ihre Checkliste aus

Wenn sich Ihre Antworten ausschließlich in den Bewertungsfeldern „manchmal" und „oft" bewegen, müssen Sie etwas ändern. Versuchen Sie, so viele Stressoren wie möglich auszuschalten. Gehen Sie jeden Punkt der Liste durch. Suchen Sie nach Lösungen!

Stress und seine psychischen Folgen

Nicht nur der Körper, auch das Nervensystem leidet unter zu starkem Stress. Dauerstress ist ein Risikofaktor für psychische Erkrankungen. Die Schädigung der neuronalen Systeme wirkt sich vor allem in Schlafproblemen, Panikattacken bis hin zur Depression aus.

Bei starkem Stress kann sich eine Spirale aufbauen, die in einen kompletten Erschöpfungszustand mit dramatischen Veränderungen der Person führt. Insbesondere im deutschen Sprachraum wird dieser Zustand als Burnout bezeichnet.

Hochleistende Menschen und Menschen mit idealistischem Anspruch sind besonders davon betroffen. Etwa 20 Prozent der Ärztinnen und Ärzte leiden unter Burnout-Symptomen. Aber auch in anderen Berufsgruppen kann die Gefährdung auf 50 Prozent steigen.[48]

Bei Menschen, die besonders idealistisch und begeisterungsfähig ihren Beruf ausüben, ist die Wahrscheinlichkeit höher, dass die Begeisterungsfähigkeit des Anfangs irgendwann kippt. Wird sehr viel Energie in eine Tätigkeit investiert, werden die notwendigen Kontrollmechanismen aber ignoriert, kann das auf Dauer zu einem Problem werden.[49]

Stressfolge 1: Schlafstörungen

Schlaf regeneriert Körper und Seele. Schlaf ist lebensnotwendig. Ohne die Erholung durch regelmäßigen und ausreichenden Schlaf sinkt die Leistungsfähigkeit des Menschen, es kommt zu einer körperlichen und seelischen Beeinträchtigung. Das Risiko einer Erkrankung steigt.

Stress wirkt sich auch auf den Schlaf selbst aus und kann das Erholungsgleichgewicht empfindlich stören. Stressbedingter Schlafmangel wirkt sich wiederum auf das Stresspotential aus, verstärkt den Stress erneut und kann selbst als Stressor auftreten. Damit wird ein Kreislauf in Gang gesetzt, aus dem Betroffene schwer entkommen.

Medikamente für besseren Schlaf sollten nur vorübergehend eingenommen werden, da sie nicht helfen, die Ursache zu klären, dafür aber in eine Abhängigkeit führen können.

Sollte allerdings eine Depression zugrunde liegen, ist eine Therapie ratsam.

Hält die Schlafstörung über einen längeren Zeitraum an, sollten sich Betroffene unbedingt an einen Arzt wenden.

Checkliste: Schlafstörung

	trifft zu	eher weniger	trifft nicht zu
Ich schlafe nicht sofort ein, sondern liege noch lange wach.			
Ich wache nachts oft auf und schlafe dann schwer ein.			
Ich wache viel früher auf, als ich aufstehen muss.			
Ich schlafe morgens auch nicht mehr ein.			
Wenn ich wach liege, kreisen meine Gedanken um die Arbeit.			
Wenn ich nachts wach liege, ergreift mich ein Gefühl der Angst.			
Ich bin tagsüber oft müde. Sobald ich zur Ruhe komme, könnte ich sofort einschlafen.			
Am Nachmittag sinkt meine Energie und Leistungsfähigkeit enorm ab.			
Sobald ich mich abends hinlege, schlafe ich sofort ein.			

Auswertung:

Treffen bei Ihnen mehr als die Häfte der Aussagen zu, sollten Sie einen Arzt oder Therapeuten konsultieren.

Wege aus der Schlafkrise – Strategien für besseren Schlaf

- Versuchen Sie regelmäßig zu schlafen – auch der Schlafrhythmus verlangt nach Struktur.
- Gehen Sie 20 Minuten eher ins Bett, als Sie dies normalerweise tun.
- Nutzen Sie Ihr Bett nur zum Schlafen und für Tätigkeiten, die entspannen, wie Lesen oder die Nähe des Partners spüren.
- Verbannen Sie Fernsehen, Essen oder Arbeiten aus dem Bett!
- Vermeiden Sie, Sport unmittelbar vor dem Schlafengehen zu treiben, denn Sport aktiviert den Körper.

- Entspannen Sie sich mindestens eine Stunde mit Tätigkeiten, die Sie bevorzugen, bevor Sie schlafen.
- Nehmen Sie ein beruhigendes Vollbad.
- Trinken Sie entspannende Tees mit Hopfen und Baldrian.
- Lüften Sie vor dem Schlafengehen das Schlafzimmer und sorgen Sie für eine angenehm kühle Temperatur.
- Schlafen Sie auf der passenden Matratze und mit einer der Temperatur entsprechenden Bettdecke, die den Schweiß gut ableiten kann.
- Trinken Sie aufputschende Getränke mit Koffein (wie Kaffee, schwarzer Tee oder Cola) nicht nach 17 Uhr.
- Nikotin beeinträchtigt den Schlaf ebenfalls negativ.
- Alkohol setzt die Schlafqualität herab: Sie schlafen zwar rascher ein, verbringen aber die Nacht unruhiger und weniger erholsam.
- Legen Sie Papier und Stift neben Ihr Bett: Sobald Sie nachts aufwachen, schreiben Sie Ihre Gedanken oder Sorgen auf. Damit steht das Problem auf dem Papier, beschäftigt Sie nicht mehr durch die Nacht. Die Lösung steht am nächsten Tag an.

Hochleistungsphase und Power Napping – Kurzschlaf zur Erholung

Der Zeitabschnitt, in dem der Mensch über die stärkste Leistungsphase verfügt, liegt im Durchschnitt zwischen 11 Uhr und 12 Uhr.[50] Während dieser Zeit kann am effektivsten gearbeitet werden. Liegt die Mittagspause zwischen 12 und 14 Uhr, schließt sie unmittelbar an die Hochleistungsphase an. Mit der Sättigung und einsetzenden Verdauung kann es dann zu einem Energieabfall kommen.

Wer sitzenden Tätigkeiten nachgeht, sollte die Pause für Bewegung nutzen. Bereits ein Spaziergang an frischer Luft wirkt belebend und gleicht einseitige körperliche Belastungen aus.[51]

Spüren Sie trotz ausreichenden Schlafes in der Nacht tagsüber ein Energietief, tankt Sie ein Kurzschlaf möglicherweise wieder auf. Dieser Power Nap bewirkt bereits nach 10 bis 15 Minuten eine Erhöhung der Konzentration und Kreativität. Ein Bett ist nicht vonnöten. Der Bürostuhl genügt. Ein Schlaf von mehr als 30 Minuten wirkt allerdings wieder kontraproduktiv.[52]

Stressfolge 2: Depression

Extremer Stress kann zu einer akut, chronisch oder episodisch veränderten Stimmungslage führen. Wer sich übermäßig niedergeschlagen und energielos fühlt, steuert möglicherweise auf eine Depression zu. 10 bis 15 Prozent aller Menschen erleiden in ihrem Leben eine Depression als unterschiedlich schwere Erkrankung.[53] Starker Stress gehört dabei zu den Auslösern, die Antrieb, Spontanität, Appetit, Libido und die sozialen Interaktionen stark verändern.

Hier helfen PsychotherapeutInnen, die das Vorhandensein und die Art der Depression diagnostizieren und eine gezielte Intervention einleiten.

Die psychische Gesundheit sollte bei jedem Menschen den gleichen Stellenwert wie die physische Gesundheit einnehmen.

Beantworten Sie den Selbsttest, der von der Stiftung Deutsche Depressionshilfe stammt:[54]

Leiden Sie seit mehr als 2 Wochen unter	Ja	Nein
gedrückter Stimmung		
Interesselosigkeit und/oder Freudlosigkeit, auch bei sonst angenehmen Ereignissen		
Schwunglosigkeit und/oder bleierner Müdigkeit und/oder innerer Unruhe		
fehlendem Selbstvertrauen und/oder fehlendem Selbstwertgefühl		
verminderter Konzentrationsfähigkeit und/oder starker Grübelneigung und/oder Unsicherheit beim Treffen von Entscheidungen		
starken Schuldgefühlen und/oder vermehrter Selbstkritik		
negativen Zukunftsperspektiven und/oder Hoffnungslosigkeit		
hartnäckigen Schlafstörungen		
vermindertem Appetit		
tiefer Verzweiflung und/oder Todesgedanken		

Wenn Sie mehr als drei Punkte mit Ja beantwortet haben, sollten Sie unbedingt und möglichst bald eine/n Therapeut/in aufsuchen.

Stressfolge 3: Burnout – den Lebenssinn im Beruf suchen

Bereits im 19. Jahrhundert wurden die Symptome einer totalen Erschöpfung ähnlich eines Burnouts beschrieben, bezeichnet als Neurasthenie. Damals beschleunigte sich mit der Industrialisierung und Urbanisierung der Lebensalltag vieler Menschen. Höhere Mobilität durch die Eisenbahn, schnelle Informationsübermittlung durch Telegramme und Zeitungen, gesellschaftliche Umbrüche und die Fortschritte der Wissenschaften führten zu Irritationen und Symptomen, die wir heute den psychosomatischen Erkrankungen, Depression oder Burnout zuordnen. Den Begriff selbst verwendeten erstmals der amerikanische Psychiater Herbert Freudenberger und die Sozialpsychologin Christina Maslach von der University of California in den 70er Jahren des 20. Jahrhunderts und beleuchteten die Symptome genauer. Das Wort Burnout entnahmen die Wissenschaftler dem 1960 erschienen Buch „A Burn-Out Case" des amerikanischen Autors Graham Greene, der darin den Zustand eines ausgebrannten und desillusionierten Architekten beschrieb. Das Burnout-Syndrom scheint also in seinen Erscheinungen bereits älter zu sein, in der Stärke seiner Symptome allerdings in jüngster Zeit häufiger aufzutreten. Freudenberger bezeichnete mit Burnout eine massive berufliche Überlastung, die in ihrer Symptomatik sehr vielfältig ist und bei jedem Betroffenen anders aussehen kann. Wenn heute immer mehr Menschen solche massive Überlastung erleben, könnte die Ursache hierfür die Diskrepanz zwischen Realität und Erwartungen sein,[55] denn die Erwartungen und Einstellungen an das Leben haben sich in den letzten Jahrzehnten erheblich geändert. Vor hundert Jahren sahen die Menschen den vollen Arbeitsalltag als ihr Lebenskonzept an, dessen Ergebnis dann tatsächlich der Realität entsprach. Heute finden sich Menschen unabhängig von Beruf oder Bildungsstand in einem Zustand wieder, der sich von ihren Lebenskonzepten unterscheidet. Einig sind sich die Wissenschaftler darin, dass die Dysbalance der Lebensbereiche Beruf und Karriere, Gesundheit, Beziehungen, Sicherheit, Privatleben und Hobbys wichtige Ursachen für ein Burnout sind.[56]

Was ist Burnout?

Als Burnout wird ein kompletter Erschöpfungszustand bezeichnet, der sich oftmals durch eine Depression äußert.

In der „Internationalen statistischen Klassifikation der Krankheiten und verwandten Gesundheitsprobleme" (International Statistical Classification of Diseases and Related Health Problems, ICD-10) hat

Burnout bis heute keinen eigenen Diagnoseschlüssel, sondern wird als ein Risikofaktor beschrieben, der den Gesundheitszustand negativ beeinflusst und Gesundheitsprobleme wie verschiedene körperliche Beschwerden, Depression, Panikattacken oder Ängste auslösen kann.

Einen Burnout kennzeichnen drei Hauptmerkmale:[57]

- totale emotionale und körperliche Erschöpfung
- emotionale Distanziertheit bis hin zum Zynismus gegenüber Arbeitsinhalt und Personen
- wahrgenommener Leistungsabfall.

Wichtig ist, daran zu denken, dass Burnout nicht nur Auslöser für Krankheiten sein kann, sondern viele Krankheiten ihrerseits Symptome eines Burnouts zeigen. Daher darf nicht voreilig aus körperlichen oder psychischen Symptomen auf eine berufliche Überlastung geschlossen werden, sondern es muss auch eine medizinische Diagnostik erfolgen.

Wie entsteht Burnout?

Je nach Studie leiden bis zu 25% der erwerbstätigen Menschen unter Burnout im Sinne des beschriebenen Risikozustands für körperliche und psychische Erkrankungen. Bei der Berichterstattung in den Medien wird Burnout manchmal einer Erkrankung der Leistungsträger und der „Starken" gleichgesetzt, der Begriff „Depression" dagegen mit einer Erkrankung der Schwachen.[184] Dies ist wegen der Stigmatisierung psychischer Erkrankungen vielleicht verständlich, doch bringt es in dieser Unterscheidung eine weitere Stigmatisierung der Depression mit sich. Auch sollten so weit verbreitete Folgen einer Überforderung in der Arbeitswelt ein wichtiges Thema der Betriebe, Sozialpartner und Politik sein.

Burnout ist Modell, das die Entwicklung einer schweren Erschöpfungsreaktion aus psychologischer Sicht beschreibt. Bis es zum vollständigen Ausbrennen kommt, werden in der Regel verschiedene Stadien durchlaufen, die von einigen als Spirale, von anderen als Stufen beschrieben werden. Das Ergebnis ist das Gleiche: Wird den Symptomen keine Beachtung geschenkt, steht am Ende der leergebrannte Mensch mit extrem eingeschränkter Leistungsfähigkeit, mentaler Erschöpfung und emotionaler oder sogar suizidaler Krise.

Zu Beginn sorgen ein idealistisches Überengagement[58] und ein extremer Leistungswille für Höchstleistung, wobei die eigenen Bedürfnisse in den Hintergrund rücken. Der perfektionistische Anspruch an sich und die Umdeutung der eigenen Werte führen dazu, dass nach einer Zeit der andauernden Anspannung körperliche und mentale Erschöpfungszustände eintreten, die jedoch verleugnet werden. Schlafstörungen und Leistungsabfall beginnen. Depressive, gleichgültige und zynische Grundstimmungen machen sich bemerkbar. Familie und Freundeskreis werden stärker zurückgesetzt. Die Lust an inhaltlicher Auseinandersetzung mit dem Arbeitsumfeld, an Freizeitaktivitäten, ebenso wie in der Partnerschaft nimmt immer weiter ab. Eine innere Leere breitet sich aus, das Fehlen von Befriedigung wirkt sich immer stärker aus. Wird in diesem Stadium keine professionelle Hilfe gesucht, führt der Zustand zu einer totalen körperlichen wie mentalen Erschöpfung, die sich in einer Depression, einer suizidalen Krise und extremer Suchtgefährdung äußern kann.

Burnout-Ursachen

Die Ursache des Burnout-Syndroms sehen Wissenschaftler wie Johannes Siegrist im Ungleichgewicht zwischen Anforderungen und Ressourcen (Effort-Reward Imbalance Model).[59] Das Ungleichgewicht von Anforderungen und Ressourcen äußert sich dabei auch in Schlafstörungen und Depressionen. Das Gleichgewicht kann nur durch Selbstregulierung und Selbstmanagement wieder hergestellt werden.

Im Arbeitsprozess gibt es zahlreiche Faktoren, die das Risiko „Burnout" begünstigen können. Die bekanntesten sind:

- unklar definierte Arbeitsaufgaben
- Ziele, die gegen die eigenen Wertvorstellungen verstoßen
- keine emotionale oder strategische Rückendeckung durch Kollegen
- wenig Rückmeldung und Anerkennung von Vorgesetzten
- Wechsel der Vorgesetzten
- Wechsel der Arbeitsstelle
- zeitraubende Verwaltungsarbeit
- schwierige Klientel
- immer gleiche Routine
- zu einseitiger Kundenkontakt
- mangelnde Möglichkeit, Entscheidungen zu treffen
- geringer Handlungsspielraum
- zu starke Kontrolle und schlechtes Arbeitsklima
- zu starke körperliche und einseitige Belastung
- zu häufige Nachtarbeit

- belastende Arbeitsbedingungen wie starkes Maß an Überstunden oder dauerhaft starker Arbeitsanfall
- Zeitdruck
- Rollenkonflikte
- schwaches soziales Umfeld
- private Probleme in Familie und Partnerschaft.

Burnout-Typen

Nicht jeder Mensch ist gefährdet, im Arbeitsalltag auszubrennen. Mentale und emotionale Fähigkeiten spielen neben den Arbeitsbedingungen eine ebenso wichtige Rolle wie die physische Gesundheit.[60]

Ein Burnout-gefährdeter Typ ist ein Mensch, der:[61]

- perfektionistisch veranlagt ist
- sich stets mehr vornimmt, als er schaffen kann
- zu hohe Ansprüche an sich und auch an seine Umwelt stellt
- unrealistisch in die Zukunft sieht und Risiken zu niedrig einschätzt
- unflexible, starre und strenge Ansichten vertritt
- unfähig ist, Kompromisse einzugehen
- nur schwer NEIN sagen kann und sich für andere aufopfert
- mögliche persönliche Defizite aufweist
- unter ADHS leidet.

Beeinflussende Faktoren können hier sein:

- subjektive Bedeutsamkeit der Arbeit
- beruflicher Ehrgeiz
- die Bereitschaft, sich im Job zu verausgaben
- Streben nach Perfektion
- die Fähigkeit, sich zu distanzieren
- die Fähigkeit zur inneren Ruhe
- die Höhe der Frustrationsgrenze bei Misserfolgen
- offensive Problembewältigung
- allgemeine Lebenszufriedenheit
- das Erleben von sozialer Unterstützung.

FRAGE ERKENNEN SIE SICH BEI VIELEN FAKTOREN WIEDER? DANN IST ES WICHTIG, EINE STRATEGIE AUFZUBAUEN, DIE DEM BURNOUT ENTGEGENWIRKT. STÄRKEN SIE IHRE RESSOURCEN, MIT DENEN SIE EINEN AUSGLEICH ERMÖGLICHEN KÖNNEN.

Früher als Managerkrankheit bekannt, wurde Burnout vor allem unter Führungskräften wahrgenommen, wo das „Ausgebranntsein" enorme Kosten verursacht.

Betroffene Manager leiden oftmals unter einer existentiellen Krise, machen dabei Andere für den Burnout verantwortlich, arbeiten emotional distanziert. Äußere Reize wie Einkommen und Macht steigern kurzfristig das Selbstwertgefühl, setzen aber wiederum Kreisläufe in Gang, die zu einer Übernahme an Arbeiten führen, für die sie möglicherweise nicht geeignet sind oder die ihre Kompetenz und ihr Leistungsvermögen übersteigen.

Wie erkenne ich Burnout?

Es gibt zahlreiche Checklisten, die Hinweise auf ein mögliches Burnout-Syndrom geben können. Eine genaue Diagnose eines Burnouts oder seiner Begleiterscheinungen kann aber nur ein erfahrener Arzt oder Psychotherapeut durchführen. Problematisch ist oftmals, dass Personen, die unter einem Burnout-Syndrom leiden, dieses solange ignorieren oder verneinen, bis es zum Zusammenbruch kommt.

Zum rechtzeitigen Ausstieg aus der Burnout-Spirale können eine höhere Sensibilität bei Betroffenen, Kollegen und Führungskräften helfen, sowie niedrigschwellige Angebote des Betriebes, insbesondere die immer häufigeren EAP-Beratungshotlines (EAP: Employee Assistance Program) und psychologische Sprechstunden. Außerdem gibt es Im Internet inzwischen gute Lernprogramme zum Umgang mit Stress und leichten depressiven Störungen.

TIPP   NUTZEN SIE DIE „CHECKLISTE ERSTE BURNOUT-SYMPTOME". PRÜFEN SIE, WIE VIELE DAVON AUF SIE ZUTREFFEN.

Checkliste: Erste Burnout-Symptome

- Fühlen Sie sich leer und ausgebrannt?
- Sind Sie schnell müde?
- Sind Sie kaum noch belastbar?
- Fühlen Sie sich innerlich angespannt?
- Leiden Sie unter Schlafstörungen?
- Wachen Sie morgens müde und zerschlagen auf?

- Hat Ihr sexuelles Verlangen nachgelassen?
- Nehmen Sie Aufputschmittel?
- Trinken Sie zunehmend mehr Alkohol?
- Vernachlässigen Sie Ihre Familie/Freunde?

Wenn Sie mehr als sieben Fragen positiv beantwortet haben, ist Ihr körperliches und seelisches Gleichgewicht aus den Fugen geraten. Sie sollten dringend etwas unternehmen und sich Hilfe holen.

Auch die folgende, etwas ausführlichere Burnout-Checkliste kann das Problem hier nur anreißen. Die Psychologen Herbert Freudenberger und Gail North erarbeiteten einen Fragenkatalog zu Verhaltensweisen und Gedanken, die im Verlauf des Burnout-Syndroms auftreten.[62] Erkennen Sie sich wieder?

Burnout-Indizien

- Wollen Sie sich und anderen etwas beweisen?
- Haben Sie hohe Erwartungen an sich?
- Vernachlässigen Sie Ihre sozialen Kontakte?
- Vernachlässigen Sie Ihre persönlichen Bedürfnisse?
- Übergehen Sie innere Probleme und Konflikte?
- Haben Sie Ihr Wertesystem bezüglich Ihrer Hobbys und Freunde geändert?
- Verleugnen Sie Ihre Probleme?
- Schätzen Sie Andere heute geringer als früher ein?
- Fühlen Sie sich zunehmend wertlos?
- Verspüren Sie zunehmend Angst?
- Finden Sie, dass das Leben immer mechanischer verläuft?
- Trinken Sie mehr Alkohol als früher?
- Nehmen Sie Drogen oder andere Suchtmittel?
- Haben Sie Ihre Essgewohnheiten und sexuellen Gewohnheiten geändert?
- Fühlen Sie sich manchmal gleichgültig, hoffnungslos, erschöpft und ohne Perspektive?
- Haben Sie suizidale Gedanken?
- Fühlen Sie sich mental und physisch vollkommen erschöpft?

3 Mentale Fitness

Können Sie die meisten der Fragen mit einem Ja beantworten, dann können Sie von einem Burnout betroffen sein. Aus dem Burnout und der oftmals begleitenden Depression können Ihnen Fachkräfte helfen.

Experten zur Behandlung von Burnout sind approbierte ärztliche oder psychologische Psychotherapeuten. Diese können auf verschiedene Therapierichtungen spezialisiert sein. Die gängigsten sind:

- Kognitive Verhaltenstherapie
- Psychoanalytische Therapie
- Tiefenpsychologisch fundierte Therapie
- Systemische Therapie
- Gesprächspsychotherapie

TIPP FÜHLEN SIE SICH IN EINEM ZUSTAND, DER EINEM BURNOUT GLEICHT, SOLLTEN SIE UNBEDINGT EXPERTEN AUFSUCHEN. LEIDER IST ES FÜR BETROFFENE TYPISCH, DASS SIE SICH DEM THEMA BURNOUT ERST DANN ÖFFNEN, WENN ES FÜR EINE AMBULANTE UND BEGLEITENDE THERAPIE MÖGLICHERWEISE ZU SPÄT IST UND NUR EINE LANGE THERAPEUTISCH BEGLEITETE PHASE WIEDER ZUR GENESUNG FÜHRT. UND LEIDER IST DIE ANZAHL DER „VERDRÄNGERINNEN" VOR ALLEM BEI FÜHRUNGSKRÄFTEN ÜBERDURCHSCHNITTLICH HOCH. GERADE SIE SCHIEBEN DAS PROBLEM SOWOHL BEI SICH WIE AUCH BEI MITARBEITERINNEN UND MITARBEITERN BEISEITE.

Fühlen Sie sich in vielen der angesprochenen Punkte bestätigt, ist es Zeit, etwas in Ihrem Leben zu ändern. Überdenken Sie Ihr Zeitmanagement. Suchen Sie sich professionelle Hilfe bei einem Therapeuten.

Lösungen gegen Stress finden Sie im folgenden Abschnitt.

3.1.2 Wege aus dem Stress

Menschen reagieren unterschiedlich auf Stress. Die physiologischen Stressreaktionen wie das Ausschütten von Cortisol oder die Erhöhung des Herzschlages laufen autonom ab und können nicht beeinflusst werden. Psychische Reaktionen aber schon. Sie greifen auf Erlerntes und Erlebtes zurück und hängen von Wahrnehmung und Interpretation der Welt ab.[63] Wie Menschen mit Stress umgehen, ist typabhängig und somit ganz unterschiedlich.

Katastrophen und traumatische Erlebnisse hinterlassen Spuren, ebenso größere Veränderungen und dramatische Lebenssituationen, und können starken Stress auslösen – ebenso persönliche Umstände und Bedingungen, die täglich auf uns einstürmen, sei dies im beruflichen Alltag oder sozialen Umfeld. Wenn Alltagsprobleme mit Gesundheitsproblemen gekoppelt sind, verschlechtert sich die körperliche und mentale Gesundheit eines Menschen, sobald auch die Alltagsprobleme zunehmen.[64]

Die meisten Menschen haben gelernt, mit schwierigen Situationen umzugehen, und eine persönliche Strategie entwickelt. Diese individuellen Strategien basieren auf Erfahrungen oder Vorstellungen – und sind leider nicht immer effektiv, können sich aber auf die Lebensqualität auswirken und die Psyche und damit die Möglichkeit eines Burnouts beeinflussen. Oftmals sollen Alkohol, Medikamente oder Drogen helfen, den Stress abzubauen.

Der Psychologe Charles Carver unterteilt die Methoden, mit denen Stress begegnet wird, in 14 Kategorien:[65]

1. Ablenkung
2. Aktive Bewältigung
3. Verleugnung / Kopf in den Sand stecken
4. Flucht zu Alkohol und anderen Drogen
5. Suchen von emotionaler Unterstützung / Trost
6. Aktivierung von instrumenteller Unterstützung
7. Aufgeben
8. Schimpfen / Fluchen
9. Neubewertung / Positives Denken
10. Genaues Planen
11. Humor
12. Akzeptieren und Hinnehmen
13. Zuflucht zu Religion und Glauben
14. Selbstvorwürfe

Welche Strategien wirken gegen Stress?

Jeder Mensch entwickelt seine Strategie gegen Stress in der Hoffnung, dass diese Strategie den Stress reduzieren oder die Situation erträglicher gestalten solle. Leider wirken die verschiedenen Methoden sehr unterschiedlich erfolgreich.[66]

Im Folgenden werden drei Strategien unterschieden: die funktionalen, also gut wirkenden Strategien, die leicht wirksamen und die dysfunktionalen Strategien, die keine Erleichterung schaffen und nicht helfen, den Stress zu bewältigen.

Funktionale Stressbewältigungsstrategien

- Aktive Stressbewältigung
- Positives Denken
- Suche nach Unterstützung und Hilfe

Leicht wirksame Stressbewältigungsstrategien

- Zuflucht in einen Glauben

Dysfunktionale Stressbewältigungsstrategien

- Ablenkung
- Verneinung/Verleugnung
- Zuflucht in Alkohol und Drogen

Erste Schritte zur Stressbewältigung

Wenn ein Mensch in einer längeren stressbehafteten Situation steckt, sollte er zunächst einmal klären, wo die Stressoren liegen und was genau den Stress auslöst. Erst dann kann dem Stress konstruktiv begegnet werden.

Lösen das Arbeitsumfeld und die organisationalen wie strukturellen Abläufe den Stress aus? Wie ist er gekennzeichnet? Durch Erwartungen und Termindruck, fehlende Anerkennung oder eingeschränkten Handlungsspielraum?

Kommt der Stress aus dem privaten Umfeld?

Bestimmte Ereignisse können Stress auslösen – negative wie auch positive Ereignisse. Aber auch lang anhaltende persönlich belastende Situationen (siehe Checkliste „Stressoren – Ereignisse aus dem Lebensalltag", Seite 59).

Die verschiedenen Wege, die dem Stress effektiv entgegenwirken können, werden mit Coping bezeichnet.[67] Der Begriff bedeutet soviel wie „Zurechtkommen" und beschreibt die Absicht: Es wird nach Wegen gesucht, den vorhandenen Stress zu bewältigen. Dabei sollen die inneren und äußeren Anforderungen, die bisher als bedrohlich wahrgenommen wurden, zukünftig die eigenen Kräfte nicht übersteigen. Neue Gedankengänge und Denkweisen, die „Copingstrategien" genannt werden, helfen dabei, die Haltung gegenüber den stressauslösenden Faktoren zu überdenken.

Copingstrategien

Wurde das Stress auslösende Problem erkannt, gibt es mehrere Wege aus dem Stress. Damit der ausgewählte Weg erfolgreich ist, sollte vorher überlegt werden, ob es sinnvoll ist, das Problem direkt anzugehen. Oder ob es klüger ist, die mit dem Stress verbundene Unzufriedenheit auszugleichen:

1. *Möglichkeit: Problemorieniertes Coping*

   definiert sich danach, ob das Problem direkt angegangen werden kann.[68] Dabei wendet man sich dem Stressor aktiv zu, um herauszufinden, ob dieser verändert werden kann. Konkrete Handlungen ermöglichen, dass eine Bedrohung entfernt, eine Situation besprochen, ein Problem bewältigt oder eine Führungskraft sich ändern kann. Das problemorientierte Coping ist allerdings nur sinnvoll bei Stressoren, die kontrollierbar sind.

2. *Möglichkeit: Emotionsorientiertes Coping*

   befasst sich damit, das mit dem Stress verbundene Unbehagen zu reduzieren.[69] Sind Stressoren nicht kontrollierbar, wie ein tragischer Fall in der Familie oder organisationale Anforderungen, dann können eine Veränderung des eigenen Verhaltens, vor allem aber Aktivitäten, die am Körper ansetzen (wie Entspannungstechniken) dazu beitragen, dass man sich besser fühlt, ohne dass der Stressor verändert wurde.

3. *Möglichkeit: Bewertungsorientiertes Coping*

   Die Situation wird neu bewertet und mehrere Copingstrategien miteinander verbunden, um den richtigen Weg zu finden, dem Stressor zu begegnen.

(K)eine Chance für die Balance

Sich ausreichend und gesund zu ernähren, kein Übergewicht aufzubauen, sich regelmäßig zu bewegen, Kunst und Kultur oder Freizeit zu genießen – all das ist notwendig, um in Balance zu leben und dadurch hohe Leistungen vollbringen zu können.

Doch genau diese Balance ist für viele Menschen schwer zu erreichen:

- Weil der Tag entstrukturiert ist und regelmäßige Pausen schwer einzubauen sind.
- Weil keine ausreichende Zeit vorhanden scheint.
- Weil zu viele Menschen im Zeittakt von den Entscheidungen Anderer abhängig zu sein scheinen.

- Weil Werte und Wertvorstellungen die Karriere und den Zeitplan diktieren.

Erste Taktiken

Es gibt verschiedene Wege, aus der Stressfalle auszubrechen. Bestimmte Taktiken ermöglichen es, den Tagesablauf zu überdenken, zu strukturieren und währenddessen Kraft und Energie zu tanken.

Pausen

- Planen Sie kleine und große Pausen in den Alltagsablauf ein.
- Machen Sie nach 90 Minuten eine Pause von 10 Minuten (oder in etwas kürzeren oder längeren Abständen, mit entsprechend kürzeren oder längeren Pausen).
- Stellen Sie dafür die Zeit in Ihrem Handy oder Computer ein.
- Nehmen Sie nach 3 bis 4 Stunden eine Mahlzeit zu sich.

Energie tanken

- Gehen Sie in Pausen spazieren/an die Luft.
- Dehnen Sie sich zwischendurch.
- Pflegen Sie in den Pausen soziale Kontakte.

Freizeit

- Nehmen Sie sich einen Tag pro Woche komplett arbeitsfrei.
- Gehen Sie einem Hobby nach, das Sie körperlich und/oder geistig ausgleicht.
- Pflegen Sie Ihre sozialen Kontakte.
- Verbringen Sie mehr Zeit mit Ihrer Familie und Freunden.

Checkliste: Was brauche ich zum Entspannen? [70]

Zustand	Erholungsarten
Nervös, aufgekratzt, unruhig	Entspannungstechniken Spaziergänge Leichter Ausdauersport
Missgelaunt	Aktivitäten, die Spaß machen und brachliegende Interessen fördern
Gelangweilt, unterfordert	Freizeitaktivitäten, die neues Lernen erfordern Ehrenamt, Projekte
Ausgelaugt, erschöpft	Schlafen, Urlaub, Ausruhen

Sechs sinnvolle Wege aus dem Stress

Auf den folgenden Seiten stellen wir sechs Wege vor, die aus dem Stress führen:

- Strukturieren Sie Ihren Tag!
- Unternehmen Sie täglich etwas, das Sie glücklich macht!
- Stecken Sie sich realistische Ziele!
- Bewegen Sie sich!
- Entspannen Sie!
- Ernähren Sie sich stressfrei!

Wege aus dem Stress 1: Strukturieren Sie Ihren Tag!

Die Tagesstruktur eines Menschen prägt sein Leben. Grundsätzlich bestehen sie aus zwei Phasen:

1. den Phasen, die sich aus körperlichen Grundfunktionen ergeben (Schlafen – Ruhen – Wachen, Nahrungsaufnahme)
2. den Phasen mit psychosozialen Gepflogenheiten und sozialer Normalität (Arbeit – Freizeit, Rituale, Kommunikation).

Im Tagesablauf wechseln sich beide Phasen ab, jeder einzelnen sollte ausreichend Zeit eingeräumt werden. Doch hierbei liegt oft das Problem. Menschen, die unter Leistungsdruck stehen oder über einen eingeschränkten Handlungsspielraum bezüglich ihres Tagesablaufs verfügen, verkürzen die eine oder andere Phase – freiwillig oder unfreiwillig. Gesundheitliche Probleme, psychische wie physische Störungen sind unweigerlich die Folge.

Die Strukturierung des Tages mit ausreichend Pausen, ruhigen Zeiten für Essen und Trinken und sozialen Kontakten sind ebenso wichtig wie klug geplante Arbeitsabläufe und Termintaktungen.

TIPP EGAL, OB SIE UM 3 UHR NACHTS AUFSTEHEN, UM EINEN FLUG ZU ERREICHEN, JEDEN MORGEN UM 7 UHR ODER ERST GEGEN 9 UHR, UM PÜNKTLICH ZU EINEM TERMIN AM VORMITTAG ZU GELANGEN – LEGEN SIE SICH EINEN START-IN-DEN-TAG-RHYTHMUS ZU, DER ENTSPRECHEND LANG SEIN SOLLTE, DAMIT SIE NICHT ABGEHETZT ZUM ERSTEN TERMIN ERSCHEINEN. PLANEN SIE ANSCHLIESSEND EBENSO AKRIBISCH IHREN TAG DURCH. ES LOHNT SICH!

Der ideale Tagesablauf

Start in den Tag:

Aufstehen (ca. 1 Stunde vor dem Verlassen des Hauses/Hotels)

Morgenpflege

Frühstück/Zeitungslektüre etc.

Ankleiden

Fahrt zu Arbeit/Termin/Flughafen

In den nächsten 3 bis 4 Stunden:

Regelmäßige Pausen

In einem festgelegten Zeitfenster: E-Mails lesen und beantworten, Telefonate ausführen.

Mittagspause (mindestens 45 Minuten)

Eine gesunde, am besten warme Mahlzeit in Ruhe einnehmen

In den nächsten 3 bis 4 Stunden:

Regelmäßige Pausen

In einem festgelegten Zeitfenster: E-Mails lesen und beantworten, Telefonate ausführen.

Pause (mindestens 30 Minuten):

Eine gesunde Mahlzeit in Ruhe einnehmen

In den nächsten 3 bis 4 Stunden:

Regelmäßige Pausen

In einem festgelegten Zeitfenster: E-Mails lesen und beantworten, Telefonate ausführen.

Fahrt nach Hause/ins Hotel:

Abendessen: leichte, gesunde Abendmahlzeit

Soziale Kontakte pflegen zu Partnerschaft / Familie / Freunden

Entspannung mit Lektüre / Film / Gespräch

Schlafritual:

Zum Beispiel Tee oder anderes Getränk nach Wahl (kein Alkohol)

Vollbad

Bettlektüre

Nähe

Tagesplanung und Zeitmanagement

Zeitmanagement ist notwendig. Und fast jeder Mensch hat hier Nachholbedarf. Die häufigsten Gründe eines unglücklichen Zeitmanagements liegen darin, dass sich Menschen in der Dauer von Abläufen verschätzen, ihre Kompetenzen überschätzen, Zeitplanung nicht gelernt haben oder mehrere Sachen gleichzeitig machen. Früher wurde dies „Verzetteln" genannt, heute heißt es „Multitasking", ist aber in seiner Wirkung genauso verheerend. Das Gehirn ist entgegen aller Behauptungen nicht multitaskingfähig. Es kann sich von Natur aus stets nur auf einen Gedanken nach dem anderen konzentrieren und dabei die bewusste Aufmerksamkeit nicht streuen. Der Mensch ist also biologisch nicht in der Lage, seine Aufmerksamkeit auf mehrere Eindrücke zu verteilen.[71]

Wenn Menschen mehrere Aufgaben wie Emails lesen, Kommentare posten, Chatten, Musik hören und Schreiben angeblich gleichzeitig erledigen, so tun sie dies in Wahrheit hintereinander, wobei jedes Mal ein Vorgang unterbrochen und ein neuer begonnen wird. Junge Menschen sind im Wechseln dieser Aufgaben geübter, vor allem wenn sie dies oft praktizieren. Dennoch verweilt die Konzentration und Aufmerksamkeit nicht lange bei einer Aufgabe, sondern springt hin und her – wodurch manche Aufgabe weder erfolgreich noch entsprechend tiefgründig bearbeitet werden kann.

TIPP DA DAS GEHIRN BIOLOGISCH NICHT ZUM MULTITASKING BEFÄHIGT IST, SONDERN NUR MIT DER AUFMERKSAMKEIT ZWISCHEN DEN AUFGABEN HIN- UND HERWECHSELN KANN, SOLLTEN SIE SICH ALSO NUR AUF EINEN PUNKT BZW. EINE ARBEIT KONZENTRIEREN, WENN SIE DIESE(N) SCHNELL UND EFFIZIENT BEARBEITEN MÖCHTEN. TELEFONIEREN UND SCHREIBEN SIE NICHT GLEICHZEITIG EMAILS. RICHTEN SIE TELEFON-RUHEZEITEN EIN, IN DENEN SIE KONZENTRIERT EINE AUFGABE ABARBEITEN ODER EINEN BERICHT LESEN.

Checkliste: Zeitmanagement

Haben Sie Ihr Zeitmanagement im Griff oder erkennen Sie sich hier wieder?[72]

1. Sie arbeiten an mehreren Projekten gleichzeitig.
2. Sie schieben Arbeit gern auf.
3. Sie kultivieren eine Zettelwirtschaft.
4. Sie setzen sich selbst ungern Ziele.
5. Sie betrachten Planung als Zwangsjacke.

6. Sie lassen sich gern im Arbeitsfluss unterbrechen.
7. Sie haben Schwierigkeiten, zu priorisieren.
8. Sie arbeiten häufig unter Zeitdruck.
9. Sie sammeln und bewahren gerne auf.
10. Sie können schwer Nein sagen.

Haben Sie bei den meisten Punkten zustimmen können? Dann sollten Sie sich intensiv mit dem Thema Zeitmanagement beschäftigen, denn dieses scheint Ihr Problem zu sein. Entscheiden Sie selbst, ob Sie sich einen Coach suchen oder ein Fachbuch zu Rate ziehen.

TIPP FÜNF WICHTIGE STRATEGIEN ZUM ZEITMANAGEMENT

ERSTENS
STEHEN SIE MORGENS FRÜH AUF (SPÄTESTENS 7 UHR) UND GEHEN SIE ABENDS ZEITIG SCHLAFEN (VOR MITTERNACHT).

ZWEITENS
STELLEN SIE EINE LISTE AUF MIT WICHTIGEN UND UNWICHTIGEN DINGEN IN IHREM TAGES- UND ARBEITSABLAUF.

DRITTENS
STELLEN SIE IHRE PROJEKTE IN EINER LISTE NACH PRIORITÄT ZUSAMMEN UND ORDNEN SIE IHNEN GROSSE ZEITFENSTER ZU.

VIERTENS
HALTEN SIE IHREN SCHREIBTISCH IN ORDNUNG.

FÜNFTENS
PLANEN SIE AM ABEND/TAG VORHER DEN NÄCHSTEN TAG – NACH PRIORITÄT UND ZEIT.

Vier Persönlichkeitstypen und die Zeit

Jeder Mensch besitzt einen anderen Persönlichkeitstyp, der aufgrund seiner Veranlagung individuell mit der Einteilung der Zeit umgeht. Der US-amerikanische Psychiater William Moulton Marston entwickelte in den 1920er Jahren ein Konzept mit vier Grundtypen: dem dominanten, dem initiativen, dem stetigen und dem gewissenhaften Typ. Jeder Mensch besitzt Anteile aller Typen, tendiert aber zu einem der vier.

Zu welchem Typ Sie gehören, können Sie mit dem folgenden Test herausfinden.

Checkliste: Was für ein Persönlichkeitstyp bin ich?

Der dominante Typ

- Sie übernehmen gern das Kommando und lieben die Herausforderung,
- fühlen sich in einer einflussreichen Position wohl,
- können sich gut durchsetzen,
- handeln ziel- und ergebnisorientiert,
- analysieren eine Situation schnell und können eine Lösung anbieten.

Aber: Sie wollen alles sofort erledigt haben, tendieren zu Durcheinander und Hektik und handeln oftmals impulsiv, ohne die Dinge richtig zu Ende zu denken. Dabei gehen sie auch wenig auf Ihre Mitarbeiter ein.

Sind Sie ein dominanter Typ, dann:

- sollten Sie sich mehr Zeit nehmen, um ein Projekt in allen Einzelheiten zu durchdenken
- schreiben Sie sich Ziele und Erwartungen auf – ebenso wie den Zeitbedarf
- hören Sie Ihren Mitarbeitern geduldiger zu.

Der initiative Typ

- Sie pflegen gern Ihre sozialen Kontakte,
- unternehmen selten etwas allein, sondern bevorzugen Aktivitäten in der Gruppe,
- sprühen vor Optimismus und Begeisterung,
- sind spontan und etwas undiszipliniert.

Aber: Sie verzetteln sich oft in zu vielen Aktivitäten, stürzen sich gern in neue Aufgaben, hassen Details und Routinearbeit, aber reden viel darüber, sind manchmal weniger gründlich als nötig und neigen zu Chaos.

Sind Sie der initiative Typ, dann:

- brauchen Sie mehr Struktur in Ihrem Arbeitstag
- stellen Sie Tagespläne und Prioritätenlisten auf und halten sich dann auch daran
- räumen Sie Ihren Schreibtisch auf

- verringern Sie Ihre vielen informellen Gespräche
- beginnen Sie erst etwas Neues, wenn die alte Aufgabe abgeschlossen ist.

Der stetige Typ

- Sie fühlen sich in einer entspannten, freundlichen Atmosphäre wohl,
- suchen Stabilität und Harmonie,
- sind loyal und teamfähig,
- arbeiten zwar langsam, aber gründlich und zuverlässig,
- sind gut organisiert,
- hassen Termindruck.

Aber: Sie fürchten sich vor Veränderungen und Konflikten. Zu viele Aufgaben zur selben Zeit überfordern Sie. Sie trauen sich aber nicht, Nein zu sagen oder dies zuzugeben, weil es Beziehungen belasten könnte.

Sind Sie der stetige Typ, dann:
- sollten Sie lernen, flexibler auf Veränderungen zu reagieren
- halten Sie nicht strikt an altbewährten Abläufen fest
- entwickeln Sie Initiative.

Der gewissenhafte Typ

- Sie fühlen sich in einer ordentlichen, disziplinierten und sachlichen Atmosphäre wohl,
- bevorzugen Normen und klare Anweisungen,
- können diplomatisch mit anderen Menschen umgehen, haben Angst, Fehler zu machen,
- erledigen Aufgaben sehr genau und fast übergründlich,
- denken sehr vorsichtig und sind entscheidungsschwach.

Aber: Sie haben Angst, Fehler zu begehen. Aufgrund Ihrer perfektionistischen Art verstricken Sie sich in Details und wirken pessimistisch.

Sind Sie ein gewissenhafter Typ, dann:
- dürfen Sie nicht so hohe Erwartungen an sich stellen

- setzen Sie sich für jede Aufgabe ein Zeitlimit und erledigen Sie die Aufgabe bis dahin
- konzentrieren Sie sich dabei auf das Ergebnis.

Licht strukturiert den Tag

Wie Licht den Tagesablauf beeinflusst, spüren wir Menschen im Wechsel der Jahreszeiten. Sind die Tage kürzer, scheint unsere innere Uhr anders zu gehen und entsprechend Lebensenergie und Stimmung zu beeinflussen. Tatsächlich wirkt sich Licht positiv auf depressive Verstimmungen aus. Tägliche Spaziergänge an frischer Luft bei Tageslicht gehören deshalb ebenso wie sportliche Betätigungen zu verschiedenen Therapieformen von Depression und Angstzuständen.[73]

Ein langer Aufenthalt in geschlossenen Räumen ohne natürliches Licht bewirkt, dass sich die innere Uhr eines Menschen nicht mehr justieren kann. Diese innere Uhr, die den Körperrhythmus in eine natürliche Schlaf-Wach-Periode einteilt, beträgt 25 Stunden.[74] Bei längeren Untersuchungen des Max-Planck-Instituts in München fanden die Forscher heraus, dass sich Wach- und Schlafperioden innerhalb von 12 Stunden gleichmäßig abwechseln, was bedeutet, dass sich der Mensch an zwei Zeiten des Tages aufgrund des natürlichen Biorhythmus zum Schlaf hingezogen fühlt: am Nachmittag und nachts. Schon aus diesem Grund sollten Menschen, deren Leistungskurve am Nachmittag extrem absinkt, ein Nickerchen am Nachmittag oder das so genannte Power-Napping in die Tagesstruktur aufnehmen.

TIPP DESTRUKTURIERUNG UND DESYNCHRONISIERUNG LÖSEN STRESS UND UNBEHAGEN AUS. SO KÖNNEN SIE DIESEN BEIDEN FAKTOREN ENTGEGENWIRKEN:[75]

ERSTENS
VERSUCHEN SIE, SICH EINE REGELMÄSSIGE LEBENSWEISE MIT EINER ZEITLICHEN ORDNUNG DES TAGES ANZUGEWÖHNEN. ANSONSTEN VERBRAUCHEN SIE DURCH STÄNDIGE ENTSCHEIDUNGSFINDUNG UNNÖTIG ENERGIE: WANN WIRD GEGESSEN? SOLL ICH ESSEN? SOLL ICH JETZT SCHLAFEN?

ZWEITENS
ACHTEN SIE DARAUF, DASS SIE MEHRMALS AM TAG DEM NATÜRLICHEN LICHTRHYTHMUS AUSGESETZT SIND. DADURCH ARBEITET AUCH IHR BIORHYTHMUS BESSER UND SIE FÜHLEN SICH WENIGER DESYNCHRONISIERT. GEHEN SIE TÄGLICH MINDESTENS 30 MINUTEN ANS TAGESLICHT, UM DIE INNERE UHR MIT DER UMWELT ZU SYNCHRONISIEREN. DIE SYNCHRONISATION IST AUCH FÜR DIE ARBEIT DER INNEREN ORGANE UND DES STOFFWECHSELS VONNÖTEN, DIE ZU BESTIMMTEN ZEITEN FUNKTIONIEREN ODER RUHEN.

Wege aus dem Stress 2: Unternehmen Sie täglich etwas, das Sie glücklich macht!

Was macht Menschen glücklich? Und was ist Glück überhaupt? Im Kapitel „Emotional fit" können Sie mehr darüber lesen. Hier finden Sie eine kleine Auswahl an Tipps, um Glück im täglichen Leben zu finden.

Tätigkeiten, die glücklich machen

Wissenschaftler und Glücksforscher sind sich einig: Es gibt eine Reihe von Tätigkeiten, bei denen „Glückshormone" ausgeschüttet werden und die deshalb dazu beitragen, dass Sie sich in einigen Augenblicken des Tages glücklicher fühlen.

Probieren Sie:

- ein Hobby auszuüben, das Sie ausgleicht: Töpfern, Modellieren, Malen, Basteln, Musizieren, Singen, Tanzen
- eine Sportart auszuüben, die Sie mögen
- Gärtnern: mit Erde und Pflanzen im Jahresrhythmus beschäftigen
- oft mit dem Rad zu fahren
- Sex und Nähe zu spüren
- Kochen – allein oder in Gesellschaft
- gemeinsam mit Freunden/Familie zu essen
- eine Religion, ein Ritual oder eine Meditation auszuüben.

TIPP STELLEN SIE EINE LISTE ZUSAMMEN MIT DEN TÄTIGKEITEN, DIE SIE GLÜCKLICH MACHEN. GEBEN SIE DIE ZEITEN AN, DIE SIE PRO WOCHE IM DURCHSCHNITT MIT DIESEN DINGEN VERBRINGEN. RICHTEN SIE FESTE ZEITEN IM KALENDER DAFÜR EIN.

Wunder der Welt im Alltag[76]

- Beschäftigen sie sich jeden Tag eine Viertelstunde lang mit einer Sache, die ungewöhnlich und doch alltäglich ist. Betrachten Sie zum Beispiel ein Blatt oder etwas anderes in der Natur oder eine Mechanik oder einen Gegenstand.
- Akzeptieren Sie sowohl den empathischen Bezug zur Welt wie auch den rationalen. Diese beiden Seiten Ihres Selbst ergänzen sich gegenseitig, sie sind komplementär.

- Leben Sie beide Seiten. Fördern Sie sowohl Ihre analytischen wie auch die emotionalen/spirituellen Anteile. Reflektieren Sie darüber.
- Wenn Sie ein religiöser Mensch sind, dann praktizieren Sie dies auch. Religion ist immer der Ausdruck einer Sehnsucht nach dem Verborgenen.

Aufgabe

Versuchen Sie sich jeden Tag zur gleichen Zeit (zum Beispiel nach dem Mittagessen) einige Minuten Zeit zu nehmen und etwas aus Ihrer unmittelbaren Nähe anzusehen. Warum? Sie werden es spüren. Das intensive Betrachten über einen längeren Zeitraum führt Sie in einen meditativen Zustand, der den Geist tief versinken lässt und Gefühle aktiviert, die Sie möglicherweise lange nicht mehr spürten.

Schauen Sie sich intensiv und ausgiebig etwas aus der Natur, aus der Kunst oder Technik an. Zum Beispiel:

- eine Pflanze in der Natur oder auf dem Fensterbrett
- einen Baum vor dem Haus
- ein Bild, eine Skulptur, ein Kunstwerk
- das Innenleben einer Uhr oder eines Zahnradsystems.

Suchen Sie sich täglich etwas Neues zum Betrachten.

Wege aus dem Stress 3: Setzen Sie sich realistische Ziele!

Jeder Mensch, der ein Ziel vor Augen hat, erstellt (unbewusst) eine entsprechende Strategie mit Zwischenzielen und speichert diese Pläne in Teilen des Gehirns, was zu einem System der Selbstüberwachung führt. Diese Gehirnteile vergleichen nun immer wieder das gespeicherte Ziel mit dem Stand der Dinge. Erst wenn das gespeicherte mit dem erreichten Ziel zusammenfällt, wird die Freisetzung von Dopamin im Belohnungszentrum (Nucleus accumbens) gefördert. Die Aktivierung führt zu einem angenehmen Gefühl. Glück und Zufriedenheit stellen sich ein.[77]

Wir können also den Zustand der Zufriedenheit nur dann erlangen, wenn wir uns realistische Ziele vornehmen, die wir tatsächlich auch erreichen können.

Unser Gehirn arbeitet ununterbrochen an dieser Befriedigung mit, denn etwa 40 Prozent des gesamten Gehirns im Frontalbereich dienen dem Zweck, sich zu beherrschen, warten zu können, sich Konsequenzen von Handlungen auszumalen, die Perspektive eines anderen einnehmen zu können, Distanz zu sich zu halten und zwischen gut und schlecht abwägen zu können. Mit anderen Worten: Ziele erreichen zu wollen.[78]

TIPP   STELLEN SIE EINE LISTE DER ZIELE ZUSAMMEN, DIE SIE

- IN DIESEM MONAT
- IN DIESEM JAHR
- INNERHALB DER NÄCHSTEN DREI BIS FÜNF JAHRE
- INNERHALB DER NÄCHSTEN ZEHN JAHRE

ERREICHEN MÖCHTEN.

Lesen Sie hierzu mehr unter „Emotional fit – Werte, Visionen und Erwartungen" (Seite 101) und im Kapitel „Geistig fit – Lernen und Gedächtnis" (Seite 147).

Wege aus dem Stress 4: Bewegen Sie sich!

Sport und Bewegung bahnen den Weg für Hochleistungen. Die Muskeln, das Herz- und Kreislaufsystem werden trainiert, die Durchblutung der Organe angeregt – und die Bildung von Gehirnzellen gefördert. Wie eine Studie an der schwedischen Universität in Göteborg an Ratten ergab,[79] lässt ausdauernder moderater Sport Stammzellen im Gehirn wachsen. Möglicherweise regen Glückshormone, die während der Bewegung ausgeschüttet werden, das Wachstum an. Schlägt die Bewegung jedoch in exzessive sportliche Betätigung um, dann bildet das Gehirn Stresshormone. Eine perfekt angepasste persönliche Balance ist also ausschlaggebend für die Art und Dauer der Bewegung.

Drei Hauptbereiche sollten Sie in Ihrer regelmäßigen Betätigung abdecken:

1. Gleichen Sie einseitige Sitzbelastungen durch spezielle, wenige Minuten dauernde Übungen am Arbeitsplatz aus.
2. Üben Sie Ausdauersportarten zur Gesunderhaltung von Körper und Geist und zum Stressabbau aus.
3. Trainieren Sie Ihre körperliche Fitness und Muskulatur.

Die ausführliche Beschreibung der Bewegungsarten finden Sie im Kapitel „Bewegung" (Seite 156).

TIPP   WICHTIG IST ES, SICH TÄGLICH ZU BEWEGEN, UM AUS DEN SITZROUTINEN AUSZUBRECHEN, UND MEHRMALS PRO WOCHE, UM MIT IHRER BEVORZUGTEN SPORTART STRESS ABZUBAUEN UND DAS HERZ-KREISLAUF-SYSTEM ZU STÄRKEN. FINDEN SIE DIE FÜR SIE PASSENDE SPORTART.

Wege aus dem Stress 5: Entspannen Sie!

Entspannungstechniken für den Alltag

Entspannungstechniken helfen dabei, dem Stress gelassener zu begegnen. Sie sind eine sogenannte „Copingstrategie", die dazu beiträgt, Situationen, die man möglicherweise nicht ändern kann, entspannter auszuhalten und neu zu bewerten. Die unterschiedlichen Möglichkeiten sind in ihrer Erfolgsbilanz aber typabhängig. Wichtig ist also, die Entspannungstechnik zu finden, die Ihnen entspricht und das Wohlbefinden steigert. Suchen Sie und probieren Sie aus!

Auf den nächsten Seiten werden folgende Entspannungstechniken vorgestellt:

1. Meditation
2. Progressive Muskelentspannung
3. Biofeedback
4. Autogenes Training
5. Atemübungen
6. Massagen
7. Chi Gong und Thai Chi
8. Yoga
9. Musizieren und Singen

TIPP FINDEN SIE HERAUS, WELCHER ENTSPANNUNGS-TYP SIE SIND. ACHTEN SIE AUF IHR BAUCHGEFÜHL. LESEN SIE SICH DIE FOLGENDEN BESCHREIBUNGEN DURCH. WELCHE TECHNIK SPRICHT SIE AN?

1. Meditation

Meditationstechniken sind Jahrhunderte alte Praktiken, die dazu dienen, die menschliche Psyche durch Selbstbeobachtung besser zu verstehen und zu stärken.[80]

Die Ausrichtung auf das Hier und Jetzt verhindert ein Wegdriften in Erinnerungen und Grübeleien. Meditierende Personen berichten, dass sie mit ihrer Aufmerksamkeit und ihren Gefühlen kontrollierter umgehen können.[81]

Eine Studie der Yale Institute University Therapeutic Neuroscience Clinic ergab, dass Menschen, die häufig meditieren, sich im Alltag besser konzentrieren können. Richtet sich dabei nämlich die gezielte Aufmerksamkeit auf den Atem, beruhigt dies das „Default-Mode-Netzwerk" (DMN), das für das gedankliche Abschweifen zuständig ist. Ist diese Hirnregion jedoch extrem aktiv, fällt das Konzentrieren schwer, was Stress auslöst.[82]

Meditation dient auch dazu, sich auf die Gegenwart zu konzentrieren. Wer regelmäßig seine Aufmerksamkeit auf das Hier und Jetzt richtet, kann die Architektur seines Gehirns verändern.[83] Bei jeder Tätigkeit, die wir ausüben, ist unser Gehirn aktiv. Je öfter wir sie ausüben, desto leichter und routinierter absolvieren wir diese Tätigkeiten. Achtsamkeitsmeditation setzt Bereiche im Gehirn in Gang, die sich durch kontinuierliches Training vergrößern.

Studien, die am Bender Institute of Neuroimaging (Bion) der Universität Gießen die Auswirkungen der Achtsamkeitsmeditation auf die Hirnfunktion untersuchen, untermauern die Feststellung, dass das mentale Training zur Verbesserung kognitiver Funktionen führt und mit Veränderungen in der Architektur bestimmter Hirnreale einhergeht. In Meditation geübte Menschen können beispielsweise ablenkende Störreize leichter ausblenden. Da ihre Konzentrationsfähigkeit wächst, kann auch ein angepeiltes Ziel leichter verfolgt werden.[84]

Die Hirnregion, die diese Aufmerksamkeitsfunktion unterstützt, ist der so genannte anteriore cinguläre Kortex.

Meditation bewirkt strukturelle Veränderungen des Gehirns. So verfügen Meditierende in verschiedenen Hirnarealen über eine deutlich höhere Konzentration grauer Substanz, die von Neuronen in der Hirnrinde gebildet wird. Diese dickere Schicht verbessert die jeweilige Funktion des Hirnareals.[85]

Effekte zeigen sich auch im insulären Kortex, in dem Signale aus dem Körperinnern repräsentiert werden, und im Hippocampus, der eine Rolle im Langzeitgedächtnis und als Teil des Limbischen Systems bei Emotionen spielt. [86]

Meditation bewirkt ebenso Veränderungen im orbitofrontalen Kortex. Dieses Areal unterstützt das Umlernen von Emotionen. Wird es durch Meditation trainiert, verdichtet sich auch dort die graue Substanz. Eingefahrene Reaktionsmuster können durch Flexibilität ersetzt werden. [87]

Erforscht wird gerade, inwiefern verschiedene Meditationsübungen wie Tai Chi, Gehmeditation, Zen- oder Vipasana-Meditation oder spezielle Konzentrationstechniken den kognitiven Verschlechterungen im Alter entgegenwirken.[88]

Meditation als Belohnung

Meditation aktiviert möglicherweise permanent das Belohnungszentrum. Der Neurobiologe Wolf Singer sieht in der Meditation den Zustand, in dem Inhalte, die im Bewusstsein erscheinen, als passend empfunden werden. Jede Frage ist gelöst. Dadurch wird das Belohnungssystem aktiviert und der Meditierende befindet sich in einem Gefühl der Befriedigung und Stimmigkeit.[89]

TIPP BESUCHEN SIE EIN MEDITATIONSSEMINAR FÜR ANFÄNGER ODER SUCHEN SIE SICH EINEN MENTAL- UND MEDITATIONSTRAINER, DER SIE PERSÖNLICH COACHT!

TIPP SIND SIE IN DIE GRUNDTECHNIK EINGEFÜHRT, SOLLTEN SIE SICH EINEN RUHIGEN ORT ZU EINER FESTEN ZEIT SUCHEN. SETZEN SIE SICH AUF DEN BODEN ODER EINEN STUHL UND KONZENTRIEREN SIE SICH ENTWEDER AUF IHRE GEDANKEN ODER AUF IHRE ATMUNG. JE NACH IHRER MEDITATIONSTECHNIK PLANEN SIE ZWISCHEN 10 UND 20 MINUTEN FÜR DIESE TÄGLICHE ENTSPANNUNGSTECHNIK EIN.

2. Progressive Muskelentspannung

Bei der von Edmund Jacobson in der ersten Hälfte des 20. Jahrhunderts entwickelten Entspannungstechnik werden Muskelpartien verschiedener Körperteile bewusst angespannt und entspannt. Dadurch gelangt der Mensch zu einer tiefen Entspannung.

Laden Sie sich von Ihrer Krankenkasse die Anleitung zur Progressiven Muskelentspannung als MP3-File herunter und führen Sie die Entspannungstechnik an einem ruhigen Ort durch.

Hier ein Beispiel, wie Progressive Muskelentspannung funktioniert:

- Suchen Sie sich einen ruhigen Ort und setzen oder legen Sie sich bequem hin.
- Ballen Sie Ihre rechte Hand zur Faust.
- Spannen Sie die Muskelgruppen in Ihrem rechten Arm mit drei Vierteln Ihrer Kraft an.
- Halten Sie die Spannung und zählen Sie bis zehn.
- Lassen Sie danach die Spannung los und fühlen Sie der Entspannung etwa 30 Sekunden nach.
- Wiederholen Sie die Spannung und Entspannung.
- Gehen Sie anschließend zum linken Arm über und wiederholen Sie die Schritte.

- Gehen Sie dann zu anderen Muskelgruppen über: rechtes Bein, linkes Bein, Schultern, Gesäß etc.

3. Biofeedback

Diese Technik wurde ebenfalls von Edmund Jacobson entwickelt. Patienten, die unter starker Erschöpfung leiden, unter Migräne, Spannungskopfschmerz oder unruhigem Schlaf, sind mit dieser Technik gut beraten. Ausgebildete Therapeuten messen heute mittels Sensoren die Temperaturen, Blutdruck, Pulsfrequenz und Grade der Hautfeuchtigkeit an verschiedenen Körperstellen und stellen daraus den Stresszustand dar. In einer Grafik wird ersichtlich, welche Körperteile gerade unter Stress stehen und welche entspannt sind. Patienten erkennen ihren Körper, der in bestimmten Zuständen reagiert, und lernen mittels Willenskraft die Körperfunktionen zu steuern. Bei der Biofeedback-Methode wird auch deutlich, welche Entspannungstechniken beispielsweise bei Migräne helfen können und ob bei einem Hinweis auf eine depressive Verstimmung hier möglicherweise eine aktive Sportart empfohlen werden kann.

Biofeedback eignet sich vor allem für Menschen mit eher geringem Körpergefühl, die durch eventuelle Fehlsteuerungen, die sie nicht bemerken, ihre Gesundheit ruinieren.

Es empfiehlt sich, nach einem Therapeuten zu suchen, der von der Deutschen Gesellschaft für Biofeedback ausgebildet wurde:

- Der Therapeut erstellt ein Stressprofil.
- Anhand des Stressprofils lernen Sie, die Körperfunktionen mental zu beeinflussen.
- Ergänzende Programme von Ernährung bis zum Sport wirken unterstützend.

4. Autogenes Training

Diese Entspannungstechnik arbeitet mittels Autosuggestion. Der Berliner Psychiater Johannes Heinrich Schultz entwickelte sie aus der Hypnose und stellte sie im Jahre 1926 vor. Die Methode erzeugt eine Entspannung vor allem des vegetativen Nervensystems aus inneren Bildern und allein durch Vorstellungskraft. Autogenes Training wird zunächst durch einen Trainer oder durch Tonaufnahmen geführt. Nach einem Training ist es dem Patienten ohne äußere Unterstützung möglich, den Entspannungszustand selbst herzustellen.

Erlernen Sie die Technik mit einem Trainer oder durch Audiobegleitung.

Die Grundstufe besteht aus sechs Übungen:

- Erleben der Schwere
- Erleben der Wärme
- Herzregulierung
- Atmungsregulierung
- Bauchwärme
- Stirnkühlung

Jede dieser Übungen basiert auf der Suggestion eines ruhigen Körperzustandes. Die Suggestionen erfolgen in einfachen, kurzen Sätzen. Die einzelnen Übungen dauern zwischen 3 und 15 Minuten.

5. Atemübungen

Mit Atemtechniken können Sie sich entspannen und dafür sorgen, dass sich eine innere Ruhe einstellt. Obwohl der Atem vom vegetativen, also unbewussten Nervensystem, gesteuert wird, können wir ihn beeinflussen. Der Spruch: „Atme erst einmal tief durch!" ist also hierbei durchaus erst gemeint – und wirksam.

Die Muskelentspannung ist eng gekoppelt mit dem Atem. Unter Stress atmen wir schnell und flach, die Muskeln spannen sich an. Um diese zu entspannen, genügt es, den Atem in seinem ruhigen Fließen zu beobachten. Zahlreiche asiatische Schulen wie Qui Gong oder Yoga beginnen manche Übungsfolgen mit Atemtechniken.

Im Alltag und besonders in stressreichen Situationen können Sie Atemübungen nutzen, um sich kurz zu entspannen, Kraft zu tanken und konzentriert weiterzuarbeiten und zu entscheiden. Wenige Minuten reichen dafür aus. Verschaffen Sie sich eine kurze Erholungspause und ziehen Sie sich zu einer 10-minütigen Atemübung zurück.

Für eine effektive Anwendung lohnt es sich, von AtemlehrerInnen, die oftmals auch Yoga oder Chi Gong unterrichten, zu lernen. Die Atemtechniken können Sie sowohl bei Stress, aber auch therapeutisch einsetzen – etwa bei Asthma, chronischem Schmerz oder anderen Krankheiten.

6. Massage

Das Berühren der Haut und Drücken oder „Kauen" der Muskulatur und des Bindegewebes, die Dehnungs-, Zug- und Druckreize führen zu einem Entspannungszustand des gesamten Organismus und schließlich auch der Psyche. Bereits 2600 vor Christus wurden Massagehandgriffe durch einen chinesischen Heiler erstmals erwähnt. Auch in der indischen Heilkunst, dem Ayurveda, finden sich frühe Hinweise. Mit griechischen Ärzten verbreitete sich die Massagekunst in Europa; sie wurde auch bei den Gladiatoren im Römischen Reich angewandt.

Erst mit dem Arzt Paracelsus wurde die Methode ab dem 16. Jahrhundert tatsächlich bekannt. Die klassische Massageform entwickelte sich ab dem 18. Jahrhundert. Heute gibt es je nach Bedarf die unterschiedlichsten Massageformen, von der Bindegewebsmassage bis zur Lymphdrainage.

Massagen mit direkter Wirkung

- Klassische Massage
- Ayurveda-Massage
- Bürstenmassage
- Lymphdrainage
- Shiatsu
- Sportmassage
- Thai-Massage
- Warmsteinmassage

Massagen mit reflektorischer Wirkung

- Akupressur
- Bindegewebsmassage
- Colonmassage (Massage des Bauchraumes)
- Ito-Thermie (mit Kräutern)
- Periostmassage (spez. Reflexzonenmassage)
- Reflexzonenmassage
- Schröpfkopfmassage
- Thai-Massage

Massagen lockern das Muskel- und Bindegewebe, können Blockaden lösen, Schmerzen lindern und Ihren Körper entspannen.

Suchen Sie sich eine Massagepraxis, die Sie berät, welche Massage für Sie im Moment am besten ist. Nehmen Sie Massagen so oft in Anspruch, wie Sie diese als förderlich empfinden. Masseurinnen und Masseure können auch ins Büro für alle Mitarbeiterinnen bestellt werden.

7. Chi Gong oder Tai Chi

Zahlreiche Studien ergaben, dass die bewegte Meditation das Herz-Kreislauf-Risiko senkt und erhöhte Blutdruckwerte normalisiert.[90] Zu einer solchen Bewegungsart gehören auch die asiatischen Bewegungsabläufe, die im Tai Chi und Chi Gong, welche sich zum Teil aus Kampfsportkünsten entwickelten, praktiziert werden.

Tai Chi oder auch Taijiquan, ursprünglich eine innere Kampfkunst aus China, verbreitete sich in den 1960er Jahren als meditatives Schattenboxen in Amerika und in den folgenden Jahrzehnten auch in Europa. In China, wo Tai-Chi ein Volkssport ist, treffen sich die Menschen in öffentlichen Grünanlagen, um gemeinsam oder auch allein die fließenden Bewegungen, die eindrucksvolle Namen aus der Natur tragen, zu praktizieren. Sofern diese richtig vollzogen werden, bewirken sie genauso gesundheitsfördernde Effekte wie andere regelmäßig betriebene Bewegungsarten. Tai Chi kann Osteoporose entgegenwirken und ältere Menschen besser vor Stürzen schützen.

Chi Gong oder Qigong setzt sich aus Bewegungsformen zusammen, die den Energiefluss im Körper regulieren sollen. Qi steht etymologisch für Lebensenergie, Vitalität, Lebendigkeit, Beseeltheit. Gong bedeutet beharrliches Üben. Bereits in China während der Han-Dynastie soll Qigong praktiziert worden sein. Es gilt dort als eines der wichtigsten Werkzeuge in der Gesundheitsvorsorge. Die unterschiedlichen Schulen und Richtungen, die von Buddhismus, Konfuzianismus oder auch Daoismus beeinflusst sind, versuchen immer, eine Einheit der Übungen von Entspannung, Ruhe, Natürlichkeit, Bewegung, mentaler Vorstellung und Atem zu erreichen.

Die Übungen, die Atem, Vorstellungskraft und einfache Bewegungen verknüpfen, können im Stehen, Sitzen oder Liegen ausgeführt werden.

Wie und wo können Sie Tai Chi und Chi Gong erlernen?

Es gibt zahlreiche Schulen, die sowohl das eine als auch das andere anbieten. Wenden Sie sich an LehrerInnen, die sich gründlich jahrelang ausbilden ließen. Regelmäßiges Üben ist notwendig, um den harmonisch fließenden und unverkrampften Ablauf zu erlernen. Das Bewegen in der Gruppe hat eine zusätzliche entkrampfende Wirkung. Sie können aber auch mit einem persönlichen Trainer üben.

8. Yoga

Yoga wird als Teil der indischen philosophischen Lehre praktiziert und gehört zu den klassischen Schulen, die darauf hinzielen, den Körper mit der Seele oder einem Gott eins zu werden zu lassen. Sie stellt dabei eine eigene Philosophie und praktische Regeln der Umsetzung auf. Im Hinduismus dient Yoga als Weg, Gotteserkenntnis zu erlangen.

In Europa und Amerika ist Yoga vor allem durch die körperlichen Übungen und Techniken bekannt. Aber auch meditative Formen wie Konzentration oder Atemübungen werden im außerasiatischen Raum praktiziert. Gerade diese Techniken helfen zu entspannen.

Zahlreiche Yogaübungen verfolgen vor allem den Ansatz, Körper, Geist und Seele in Einklang zu bringen. Die Übungen verbinden Asanas (Körperhaltungen), Entspannungstechniken und Atemübungen miteinander, um die Vitalität des Körpers zu verbessern und Flexibilität, Muskelausdauer und Kraft zu stärken. Gleichzeitig wird eine innere Gelassenheit herbeigeführt. Zudem können Durchblutungs-, Schlafstörungen, Angst und Depressionen, Kopf- und Rückenschmerzen gemildert werden.

Lernen und üben lässt sich Yoga in Gruppen unter Anleitung eines Yogalehrers oder einer Lehrerin oder mit einem persönlichen Trainer. Es ist wichtig, die Atemtechniken und Körperstellungen zunächst unter professioneller Anleitung zu erlernen, bevor Sie diese allein praktizieren.

9. Musizieren und Singen

Musik hören entspannt und macht glücklich. Ebenso das Musizieren und Singen. Die Glücksgefühle im Gehirn führen dazu, dass Dopamin und Endorphin in den Belohnungszentren des Gehirns ausgeschüttet werden. Gemeinsames Musizieren erhöht außerdem die Konzentration des Hormons und Transmitters Oxytocin, das soziale Interaktionen bestimmt, zu angenehmen Gefühlen führt und auch die Auswirkungen von Stress vermindern kann.

Musikhören regt die Regionen im Gehirn an, die für Bewegung, Sprache und Gedächtnis verantwortlich sind. Es kann depressive Verstimmungen verbessern, ebenso entspannen und beruhigen. Musik scheint mit dem tiefen Zugang zu Emotionen auf allen Ebenen des Gehirns zu wirken. Vor allem aber macht Musikhören glücklich, wenn Sie Ihre Lieblingsstücke hören. Studien ergaben, dass während solcher Momente die Gehirne der Probanden regelrecht mit Dopamin überflutet wurden.[91]

Beim Musizieren werden Verknüpfungen im Gehirn angeregt, die gegen Alters- und Ermüdungserscheinungen wirksam sind. Und Musik kann Hirnstrukturen verändern. Profimusiker besitzen einen stärker ausgebildeten Balken, der die beiden Gehirnhälften miteinander verbindet. Bei Amateurmusikern nimmt in manchen Arealen der Großhirnrinde die Graue Substanz zu, was auf eine Vergrößerung der Nervenzellen oder eine intensivere Verschaltung hinweist.[92]

Beim Spielen eines Instrumentes leben Sie außerdem im Moment, ganz im Hier und Jetzt, und arbeiten sich von Note zu Note vor. Beherrschen Sie bereits ein Musikstück und spielen es mit Hingabe, dann befinden Sie sich im „Flow" – einem glücklich machenden Zustand, der sich in körperlicher und emotionaler Harmonie äußert.

TIPP EIN INSTRUMENT KANN AUCH JENSEITS DER 40 ERLERNT WERDEN. WICHTIG IST BEI DER WAHL, SICH EIN INSTRUMENT AUSZUSUCHEN, DAS MAN MAG UND ZU DEM MAN EINEN LEICHTEN ZUGANG FINDET, UM REGELMÄSSIG ZU ÜBEN. DENN WICHTIG IST NICHT DIE DAUER DES ÜBENS, SONDERN DIE REGELMÄSSIGKEIT. ES SOLLTE TEIL IHRES LEBENS WERDEN!

Sie können in Musikschulen ein Instrument lernen oder bei einem Musiker, der Erwachsene unterrichtet. Üben Sie regelmäßig, am besten täglich, mindestens aber dreimal die Woche. Seien Sie nachsichtig mit sich und lassen Sie sich Zeit beim Erlernen!

Und Singen macht glücklich – auch das ist bewiesen. Beim Singen harmonisieren sich Herzschlag, Blutdruck und Emotionen.

Möchten Sie Jazz, Pop oder Klassik singen? Es gibt zahlreiche Chöre, die auch Erwachsene ohne Vorbildung aufnehmen. Hier sind allerdings regelmäßige Proben angesetzt, mindestens an einem festen Abend pro Woche.

Möchten Sie privat singen lernen, dann suchen Sie sich einen Gesangslehrer, der Sie professionell betreut.

Entspannend kann auch Karaoke-Singen sein. Nicht umsonst ist diese Art der Freizeitgestaltung in den asiatischen Ländern hoch im Kurs. Die Auswahl an Liedern ist groß, ebenso die Zahl der Plattformen. Sie können Karaoke in großen Clubs, in separaten Kabinen oder bei sich zu Hause allein oder mit Freunden oder der Familie singen.

TIPP KÖNNEN SIE EIN INSTRUMENT SPIELEN, DANN AKTIVIEREN SIE DIESE LEIDENSCHAFT ERNEUT. SUCHEN SIE SICH ANDERE MENSCHEN UND MUSIZIEREN SIE GEMEINSAM. ENTSPANNUNG UND GLÜCKSGEFÜHLE SIND GARANTIERT!

Wege aus dem Stress 6: Ernähren Sie sich stressfrei!

Gesunde Ernährung wirkt sich direkt auf das Stresspotential aus. Wie man sich dauerhaft gesund ernährt, wird im Kapitel Ernährung behandelt.

Hier einige Tipps, die helfen, Stress zu reduzieren:

1. Trinken Sie reichlich Wasser, am besten mineralarmes und kohlensäurefreies Wasser – mindestens 1,5 Liter pro Tag. Vor allem das Gehirn benötigt viel Wasser, um gut arbeiten zu können.

2. Trinken Sie nicht mehr als 2 bis 3 Tassen Kaffee oder andere koffeinhaltige Getränke am Tag.

3. Trinken Sie statt Kaffee oder schwarzem Tee lieber Kräutertees in der Mischung, die Ihnen gut schmeckt.

4. Trinken Sie Ingwer- und Ginseng-Getränke, vor allem Tees, die die Belastungsfähigkeit steigern, aber nicht zu viel, denn Ingwer und Ginseng können auch den Magen belasten.

5. Nehmen Sie Vollwertprodukte zu sich, die länger vorhalten.

6. Essen Sie abends nicht „schwer", also keine frittierten Mahlzeiten oder sehr große Fleischportionen, die lange Zeit zum Verdauen benötigen.

7. Falls Sie zum Stressessen neigen, dann halten Sie „überschaubare Mengen" Obst (Bananen), Trockenfrüchte, vorbereitete Gemüsestreifen (Paprika, Karotten etc.), Buttermilch (mit Banane) oder Joghurt mit Getreideflocken als Zwischenmahlzeiten bereit.

8. Haben Sie immer eine Tüte mit Sonnenblumenkernen (fördern den Sauerstofftransport zum Gehirn), Mandeln und Haselnüsse (reduzieren Stress) in der Nähe.

9. Verbannen Sie stressfördernde Snacks wie Kekse, Süßigkeiten, Traubenzucker aus Ihrem Umkreis. Zur Not geht vielleicht Schokolade mit hohem Kakaoanteil, denn „gar nichts" kann auch stressen.

10. Nehmen Sie sich für eine Hauptmahlzeit genügend Zeit, kauen Sie langsam und reichlich – und sprechen Sie während dieser Zeit nicht über die Arbeit, machen Sie also keine berufsbedingten Lunchtermine!

11. Trinken Sie abends keinen Alkohol, sondern beruhigende Tees oder Milch mit Honig, bevor Sie zu Bett gehen.

3.2 Emotional fit

Wir leben in einer Welt, die durch Höchstleistung geprägt ist. Wer diesen Anforderungen nicht genügt, gilt als ungeeignet für die Arbeitsgesellschaft. Dabei gibt es zahlreiche Gründe, sich einem ständigen Leistungsdruck zu verweigern. Neben physischen Grenzen muss auch die Psyche in bestimmten Situationen „Nein" sagen können, um sich zu schützen.

Auf der Suche nach Selbstwert und Identität setzen sich Menschen zum Teil Ziele, die sie nicht erreichen können. Gedankenmuster und Einstellungen beeinflussen das emotionale, geistige und körperliche Wohlbefinden. Neurosen, Ängste, Zwänge und Süchte entstehen. Körperliche Auslaugung und emotionale Erschöpfung sind die Folge.

Emotionale Gesundheit wurde im Arbeitsprozess lange hinten angestellt. Seitdem jedoch psychische Dysfunktionen/Störungen von Depression bis Burnout stärker in das Bewusstsein getreten sind, wissen wir heute, dass die emotionale Fitness nicht zu vernachlässigen ist. Nur wer mental und psychisch stark und ausgeglichen ist, vermag auch anhaltend wertvolle Leistung zu vollbringen.

Wie bleiben wir emotional fit und gesund?

Ein allgemeines Programm, das jedem Menschen automatisch physisches und psychisches Wohlbefinden verleiht, gib es nicht. Jeder Mensch lebt andere Prinzipien und stellt seine Werte in den Mittelpunkt. Muster und Mechanismen bestimmen das Handeln. Beziehungen und Erwartungen ebenso. Was hilft, ist die konstruktive Beschäftigung damit. Anhaltspunkte, die dazu beitragen, sich emotional und psychisch wohl zu fühlen, sollten nicht unterdrückt, sondern betrachtet werden.

Notwendig dafür ist eine Auseinandersetzung mit:
- Werten und Visionen
- Motivation
- Persönlichkeitstypen
- Kommunikationsstilen und Kompetenzen
- Sozialer Kompetenz

3.2.1 Werte, Visionen und Erwartungen

Werte, also die Auffassung von etwas Wünschenswertem,[93] bestimmen unser Denken und Handeln. Was der einzelne Mensch aber als wertvoll erachtet, liegt an seiner Sozialisation, Erziehung und dem Erlebten – und damit oftmals auch an der sozialen Schicht, der er entstammt. Die Psychologie erklärt die daraus resultierenden Abläufe folgendermaßen: Die verinnerlichten Prinzipien gehören zum Über-Ich und bestimmen das Ich-Ideal, also die Vorstellung darüber, wie man eigentlich sein und handeln sollte.[94] Doch wie sollte der Mensch sein und wie handeln aus objektiver, aus moralischer oder aus kulturell-sozialer Sicht? Seit Jahrhunderten diskutieren Philosophen, Wissenschaftler und Psychologen darüber, was den Menschen ausmacht, was seine Werte und Visionen bestimmt.

TIPP BEANTWORTEN SIE DIE FOLGENDEN FRAGEN ZU IHREM SELBSTVERSTÄNDNIS, IHREN ROLLEN, ZIELEN UND VISIONEN!
- IST ES IHNEN WICHTIG, ETWAS DARZUSTELLEN ODER ETWAS ZU SEIN?
- WELCHE KULTURELLEN ROLLEN MÜSSEN SIE BESETZEN? (WAS IST WICHTIG FÜR IHR ROLLENVERHALTEN?)
- UND WELCHE VOM SOZIALEN SYSTEM ABHÄNGIGEN ERWARTUNGEN, WERTE, HANDLUNGSMUSTER UND VERHALTENSWEISEN WERDEN VON IHNEN GEFORDERT?
- WELCHE ZIELE VERFOLGEN SIE?
- WELCHE ZIELE WERDEN VON IHNEN ERWARTET?
- WELCHE VISIONEN HABEN SIE?
- WELCHE VISIONEN WOLLEN SIE AUF WELCHEM WEGE ERFÜLLEN?

Checkliste: Meine Werte, Rollen und Ziele

Tragen Sie hier Ihre Werte ein, Ihre Rollen, die Sie ausfüllen und die Ziele, die Sie gerne erreichen möchten.

Meine Werte

....

....

....

....

....

Meine Rollen

....

....

....

....

....

Meine Ziele

....

....

....

....

....

Meine Vision

....

....

....

....

....

Erwartungen

Unser Wohlbefinden hängt auch von den Erwartungen ab, die wir an unsere Umwelt, an die Menschen, die uns begegnen, und an uns selbst haben. Ein Sprichwort besagt: „Je höher die Erwartungen, desto größer die Enttäuschungen."

TIPP   ÜBERLEGEN SIE, WELCHE ERWARTUNGEN SIE AN IHREN ARBEITSPLATZ HABEN UND DIE ROLLE, DIE SIE DARIN AUSFÜLLEN. BEANTWORTEN SIE DIE BEIDEN FOLGENDEN FRAGEN:

WELCHE ERWARTUNGEN MÖCHTEN SIE AUS IHRER POSITION HERAUS ERFÜLLEN?

WELCHE ERWARTUNGEN MÖCHTEN SIE FÜR SICH ERFÜLLEN?

Das (Erwartung x Wert)-Modell

Das „(Erwartung x Wert)-Modell" ist ein theoretischer Ansatz, nach dem eine Person ihre arbeitsbezogenen Handlungsziele rational auswählt. Dabei vergleicht sie die Attraktivität des jeweiligen Ziels (Wert) mit der Wahrscheinlichkeit (Erwartung), dieses Ziel zu erreichen, woraus sich Arbeitsmotivation, Erwartung, Motivation ergeben.[95]

Ich weiß, was ich kann, und glaube daran – Selbstwirksamkeitserwartung

Wir glauben, was wir glauben. Menschen, die von ihren Kompetenzen überzeugt sind und glauben, dass sie neben den Dingen, die sie bewirken möchten, auch die schwierigsten Situationen meistern können, erreichen in beruflichen wie privaten Leben tatsächlich mehr. Der Psychologe Albert Bandura fand 1970 heraus, dass Menschen, die von sich überzeugt sind, dass sie etwas bewirken und Einfluss auf die Welt nehmen können, auch im Leben tatsächlich mehr erreichen. Er nannte diese Einstellung „Selbstwirksamkeitserwartung". Die Selbstwirksamkeit ist dabei die Menge an Überzeugungen, mit denen der Mensch durch seine Verhaltensweisen bestimmte Resultate erzielen kann.[96]

Von Natur aus agiert der Mensch nicht gern gegen seine Überzeugungen. Wenn er glaubt, nicht kompetent genug für eine Handlung zu sein, handelt er widerstrebend oder zögernd – vor allem nicht überzeugt von sich oder der Handlung.

In den letzten Jahren der Forschung zeigte sich, dass Menschen, die an ihre Kompetenzen glauben, eine größere Ausdauer in der Umsetzung ihrer Aufgaben und Ideen zeigen, weniger an Stress leiden und mehr Erfolge im Berufsleben aufweisen.

Der Mensch muss nicht Spielball seiner Umwelt sein. Seine Einstellungen und sein Verhalten wirken sich auf die Umwelt aus. Deren Rückmeldungen beeinflussen dann wiederum das Verhalten des Menschen.[97] Je mehr der Mensch an sich glaubt, desto höhere Ziele und Herausforderungen sucht er. Hat er diese Ziele erreicht, führt die Bestätigung dazu, dass auch die Selbstwirksamkeitserwartung steigt, er noch stärker an sich glaubt und nächste Ziele anstrebt. Die Wissenschaftler Locke und Latham nannten diesen Kreislauf „High Performance Cycle". Bei erfolgreichen Menschen ist nicht Selbstzweifel der Antrieb, sondern es sind die Überzeugung und der Glaube an die eigenen Kompetenzen und Ideen.

Die Kompetenz, seine Ideen umzusetzen

Menschen mit überdurchschnittlichen Selbstregulierungs- oder Umsetzungskompetenzen leiden weniger unter Stress und besitzen ein höheres Selbstvertrauen. Sie haben seltener Ess-Störungen oder einen überhöhten Alkohol- oder Drogenkonsum. Ihre persönlichen Beziehungen sind ausgeglichener, beruflich sind sie erfolgreicher.[98]

Vier Quellen der Selbstwirksamkeitserwartung[99]

Bandura unterscheidet vier Quellen, die wichtig sind:

1. *Eigene Erfolgserlebnisse (Performance Accomplishments)*
   Die Bewältigung einer Situation oder ein erreichtes Ziel stärken den Glauben an uns selbst. Ein Misserfolg lässt uns nur zweifeln, wenn wir glauben, es läge an unserer Unfähigkeit. Besitzen wir eine hohe Selbstwirksamkeit, lassen wir uns nicht so schnell von einem Rückschlag in die Knie zwingen.

2. *Stellvertretende Erfahrung (Vicarious Experience)*
   Wir beobachten die Leistungen anderer Menschen, vor allem, wenn diese uns ähneln. Deren Erfolge stimulieren, ihre Rückschläge demotivieren allerdings auch.

3. *Verbale Ermutigung (Verbal Persuasion)*
   Sie können sich selbst von einer Sache überzeugen oder andere können Sie überzeugen. Dadurch werden Sie motiviert und glauben an sich. Sind diese Erwartungen allerdings unrealistisch, kann ein Misserfolg extrem demotivieren.

4. *Emotionale Erregung (Emotional Arousal)*
   Ist die emotionale Erregung positiv und äußert sich in freudiger Erwartung, dann steigert dies auch den Glauben an sich. Überwiegen Ängste und Zweifel, vermindern diese die Erfolgsaussichten. Stressreduktion ist hier besonders wirksam.

TIPP Der Glaube an sich und die eigenen Kompetenzen scheint ein Schlüssel zum Erfolg. Wichtig ist, die Kompetenzen richtig einzuschätzen, noch wichtiger als die tatsächlichen Fähigkeiten ist jedoch das Gefühl, etwas bewirken zu können und an sich zu glauben.[100] Wenn Selbstzweifel die Tagesordnung bestimmen, dann legen Sie den Fokus neu: Konzentrieren Sie sich auf Ihre Kompetenzen und glauben Sie an diese!

3 Mentale Fitness

3.2.2 Motivation

Die Motivation eines Menschen wird gern als seine (an-)treibende Kraft gesehen. Doch woher kommt dieses Streben nach bestimmten Zielen, diese Kraft, die den Menschen antreibt? Eine Ursache liegt in der emotionalen und neuronalen Aktivität sowie in der Ausschüttung bestimmter Neurotransmitter, die erreichen, dass wir uns während bestimmter Tätigkeiten wohlfühlen.

Es gibt verschiedene Modelle, nach denen Motivation erklärt oder erreicht werden soll, die wir im Folgenden beschreiben.

Intrinsische und extrinsische Motivation[101]

Der Begriff intrinsische Motivation bezeichnet das Bestreben, etwas um seiner selbst willen zu tun. Das Bestreben macht Spaß, befriedigt Interessen oder stellt eine Herausforderung dar.

Die extrinsische Motivation hat zum Inhalt, dass bestimmte Leistungen erbracht werden, um einen Vorteil (Belohnung) zu erhalten oder Nachteile (Bestrafung) zu vermeiden.

Für die Quellen der Motivation spielen nach David McClelland drei große Motive eine zentrale Rolle. Er konnte nachweisen, dass die Anregung dieser Motive mit der Ausschüttung bestimmter Neurotransmitter verbunden ist:

- Im Falle des Machtmotivs sind es Epinephrin und Norepinephrin,
- im Falle des Zugehörigkeitsmotivs ist es Dopamin,
- bei Anregung des Leistungsmotivs werden Vasopressin und Arginin ausgeschüttet.[102]

> **Nach Barbuto und Scholl lassen sich zwei intrinsische und drei extrinsische Motivationsquellen beschreiben.**
>
> **Intrinsische Motivationsquellen**
>
> *Interne Prozessmotivation* (Intrinsic Process): Eine Aufgabe wird um ihrer selbst Willen erledigt, wobei Vorteile oder Belohnungen nicht entscheidend sind.
>
> *Internes Selbstverständnis* (Internal Self Concept): Etwas soll nach den eigenen Vorstellungen (Standards und Maßstäben) verändert werden, was das Leistungsmotiv stark anregt.

Extrinsische Motivationsquellen

Instrumentelle Motivation (Instrumental Motivation): Hier bestimmen konkrete Vorteile oder Belohnungen von außen (extrinsisch) die Handlungen – das Machtmotiv ist ausschlaggebend.

Externes Selbstverständnis (External Self Concept): Rolle und Erwartungen des Umfeldes bestimmen das Selbstverständnis – das Zugehörigkeitsmotiv ist ausschlaggebend.

Internalisierung von Zielen (Goal Internalization): Die Ziele der Organisation oder des Unternehmens sind die des Mitarbeiters – Zugehörigkeits- und Leistungsmotive sind ausschlaggebend.

Checkliste: Meine Motivationsquellen

Streichen Sie nach und nach alle Begriffe weg – in der Reihenfolge der Wichtigkeit für Sie – bis nur noch zwei (!) übrigbleiben.[103]

- Freiheit

- Spaß

- Geld

- Anerkennung

- Muße

- Ruhm

- Kollegialität

- Macht

- Sinn

- Freude

- Einfluss

- Verantwortung

- Vertrauen

- Frieden

- Ehre

- Unabhängigkeit

- Harmonie

- Selbstbestimmung

- Erfolg

- Herausforderung

- Abenteuer

- Ästhetik

- Status

- Sicherheit

- Gerechtigkeit

- Zeitsouveränität

- Disziplin

- Geborgenheit

Sie kennen nun Ihre tatsächlichen Motivationsquellen. Vergleichen Sie diese mit der vorherigen Einordnung in intrinsische und extrinsische Motivationsquellen. Finden Sie sich wieder?

Wie motiviere ich mich?

Setzen Sie sich mit den Ursachen Ihrer Motivation nicht erst dann auseinander, wenn Sie unter einem Mangel leiden.

Sind Sie mit etwas unzufrieden, so kann das ein Hinweis darauf sein, dass es gut wäre, etwas zu ändern. Es gibt zahlreiche Coachingansätze und Programme, die zum Selbstmotivieren anregen.

Checkliste: Was unterstützt oder behindert meine Motivation?

Können Sie Ihren Zeitablauf / Ihre Termine selbst bestimmen?

Können Sie etwas am Tagesablauf ändern?

Treffen Sie die Entscheidung über die Termine oder treffen andere die Entscheidung für Sie?

Fühlen Sie sich mit Ihren Mitarbeitern wohl?

Herrscht eine Unternehmenskultur der sozialen Akzeptanz?

Fühlen Sie sich in einer Krise?

Kennen Sie Ihre Bedürfnisse und haben Sie das Gefühl, diese ständig unterordnen zu müssen?

Kennen Sie Ihre Wünsche?

Fürchten Sie, dass es zu viel Energie kostet, die eigenen Wünsche zu realisieren?

Passen Sie Ihre Wünsche dem Markt an, da Sie sonst fürchten, unterzugehen?

Was ist Ihre Einzigartigkeit?

Welche möchten Sie als Ihre besonderen Fähigkeiten gesehen werden?

Was sehen Sie als Ihr hervorstechendstes Merkmal?

Was möchten Sie als nächstes Ziel erreichen?

Wovon träumen Sie?

Welchen Preis müssen Sie dafür zahlen?

Ist es das wert?

Zehn Schritte zur Selbstmotivation

Wenn die Selbstmotivation gering ist, gibt es trotzdem Möglichkeiten, die persönliche Motivation zu erhöhen.

1. Prüfen Sie: Muss die Aufgabe getan werden? Müssen Sie diese selbst erledigen oder können Sie diese delegieren?
2. Was motiviert Sie selbst am meisten (siehe intrinsische oder extrinsische Motivationsgründe)? Können Sie die Aufgabe danach aussuchen oder ausrichten?
3. Programmieren Sie sich selbst: Reden Sie zu sich, dass die Aufgabe Spaß macht.
4. Stellen Sie sich eine Belohnung für eine besondere Aufgabe in Aussicht und halten Sie sich auch wirklich daran. Belohnen Sie sich!
5. Setzen Sie sich eine persönliche „Deadline" (falls zu viel Zeit zur Verfügung steht) und schaffen Sie sich damit künstlichen Zeitdruck.
6. Entwerfen Sie für größere Aufgaben einen Zeitplan. Integrieren Sie in den Zeitplan:

Aufgabe	erledigt bis	Belohnung

7. Teilen Sie jeden Arbeitstag in Zeit für Aufgaben und Pufferzeiten ein. Streichen Sie die erledigten Aufgaben durch oder versehen Sie sie mit einem Haken, damit Sie sehen, wie Sie vorankommen.

3 Mentale Fitness

8. Belohnen Sie sich mit Anerkennung. Erzählen Sie anderen über größere Aufgaben und laden Sie nach erfolgreicher Lösung zu einer kleinen Feier. Achten Sie darauf, dass Sie nur mit Menschen feiern, die sich tatsächlich mit Ihnen freuen.

9. Kommen Sie mit einer Aufgabe nicht voran, dann versuchen Sie nicht zu lange, diese sofort zu erledigen. Verschieben Sie diese auf den nächsten Tag und beschäftigen Sie sich mit etwas anderem. Manchmal kommen Sie auf Lösungen, während Sie andere Tätigkeiten erledigen.

10. Kommen Sie dennoch weder mit Motivation der Mitarbeiter noch mit Selbstmotivation voran, suchen Sie sich einen Profi, der Sie und Ihr Team berät!

3.2.3 Persönlichkeitstypen

So verschieden wie die Menschen, so unterschiedlich scheinen auch die Persönlichkeitstypen zu sein. Zahlreiche Publikumszeitschriften laden regelmäßig zu Tests ein, um die eigene und auch eine fremde Persönlichkeit einzuordnen. Die Ergebnisse sind recht vielfältig und ebenso ungenau wie unspezifisch.

Aus psychologischer Sicht werden Menschen nicht in starre Persönlichkeitstypen eingeteilt. Menschen denken und handeln je nach Situation, Lebenserfahrung und angelerntem Verhalten entsprechend vielschichtig. Die Psychologie unterscheidet in einem der bekanntesten Modelle fünf grundlegende Dimensionen der Persönlichkeit. Diese Dimensionen, die als „Big Five" bekannt sind, wurden von zwei unabhängigen Forscherteams, Warren Norman und Lewis Goldberg 1981 sowie Paul Costa und Robert McCrae 1985 entdeckt und beschrieben. Beide Teams führten Datenerhebungen durch und entdeckten diese fünf „Dimensionen", die sich während der umfangreichen Datenanalysen herauskristallisierten.

Die Big Five gelten heute als das am weitesten akzeptierte und verwendete Modell zur Persönlichkeitstypisierung.[104]

Die fünf grundlegenden, stabilen Persönlichkeitsdimensionen lauten:

* *Neurotizismus*
  Von emotional labil und ängstlich bis stabil und wenig ängstlich.

- *Extraversion*
  Von in sich gekehrt (introvertiert) bis aus sich herausgehend, gesellig und expressiv.
- *Gewissenhaftigkeit*
  Von wenig sorgfältig und gewissenhaft bis sehr sorgfältig genau und gewissenhaft.
- *Verträglichkeit*
  Von sozial wenig angepasst bis sehr beliebt und verträglich.
- *Offenheit*
  Von traditionell und wenig neugierig bis sehr offen und experimentierfreudig.

Bedeutende Faktoren in diesem Modell sind Neurotizismus und Extraversion. Sie wurden bereits 1947 von dem deutschstämmigen Psychologen Hans Jürgen Eysenck beschrieben. Eysenck stellte auch erste Tests zu Messung dieser Dimensionen vor.

TIPP Gehen Sie ins Internet und testen Sie Ihre Persönlichkeitsdimensionen, um sich über Ihre eigenen Fähigkeiten klarer zu werden:

http://de.outofservice.com/bigfive/

http://www.psychomeda.de/online-tests/persoenlichkeitstest.html

3.2.4 Kommunikationsstile und -kompetenzen

Kommunikation ist wichtig. Wie wichtig, zeigen die zahlreichen Programme, Studien, Bücher und Angebote, die sich mit Kommunikation beschäftigen und diese verständlich, offen oder gewaltfrei praktizieren möchten. Der Austausch von Informationen ist ständig und allgegenwärtig in unserer Gesellschaft. Wir können uns diesem Austausch nicht entziehen, sondern sind Teil des Prozesses. Doch es geht nicht nur um Austausch von Informationen, sondern auch um Interaktionen zwischen Menschen. Ist dieses zwischenmenschliche Verhalten auf kommunikativer Ebene gestört oder problematisch, spüren wir erst, welche Bedeutung und Kompetenzen eine gute Verständigung in sich trägt.

Der Kommunikations-Guru Paul Watzlawik sagte „man kann nicht nicht kommunizieren" und erklärte dies so: „… denn jede Kommunikation (nicht nur mit Worten) ist Verhalten und genauso wie man sich nicht nicht verhalten kann, kann man nicht nicht kommunizieren."

Watzlawik stellte weitere pragmatische Axiome, also Grundsätze, auf, die keines Beweises bedürfen:

„Jede Kommunikation hat einen Inhalts- und einen Beziehungsaspekt."

„Kommunikation ist immer Ursache und Wirkung."

„Menschliche Kommunikation bedient sich analoger und digitaler Modalitäten."

„Kommunikation ist symmetrisch oder komplementär."

Es kommt also nicht nur darauf an, was man sagt, sondern wie man etwas sagt und wie es beim Gegenüber ankommt. Wie wir miteinander kommunizieren, hängt also von Kompetenzen und Kommunikationsstilen ab.

Kommunikationstypen

Zahlreiche Coaching- und Kommunikationsprogramme ordnen Menschen in Kommunikationstypen ein. Diese Einordung geht davon aus, dass jeweils die Charakterzüge die Art der Kommunikation prägen, die ein Mensch bevorzugt. Ebenso ausschlaggebend ist die Art, wie er Kommunikation als Kind oder Jugendlicher erfahren hat. Viele der Zuweisungen klingen klischeehaft und sind es oftmals auch. Der Kommunikationstyp in Reinform tritt kaum auf. Situationsangepasste Mischformen sind eher im Alltag zu finden.

TIPP   PRÜFEN SIE, OB SIE SICH IN EINEM DER BEIDEN FOLGENDEN MODELLE WIEDERFINDEN!

Persönlichkeitsmodell 1

Hier werden Menschen aufgrund ihrer Charakterzüge in Typen unterschieden, die aber auch in Mischform auftreten können. Zudem können sich Menschen im Laufe ihres Lebens von einem zum anderen Typ entwickeln.

Der Analytiker

besitzt analytisches und logisch strukturiertes Denken. Kann in Auseinandersetzungen und Konfliktsituationen verbal stark argumentieren.

Der Verallgemeinerer

denkt weniger analytisch und detailbezogen, sondern betrachtet Probleme als Ganzes, agiert dabei äußerst kreativ mit hoher emotionaler Intelligenz. Analytiker und Verallgemeinerer betrachten Probleme und Themen auf unterschiedlichen Ebenen und kommunizieren deshalb nur schwierig miteinander.

Der Kritiker

sucht und findet immer etwas zum Kritisieren, sieht üblicherweise immer das Schlechte zuerst. Die Kommunikation mit ihm kann mühsam und anstrengend werden.

Der Besserwisser

kommuniziert und doziert gern über Menschen und Dinge, tendiert auch zu Sarkasmus und Spott.

Der Sanfte

kann gut zuhören, sucht Harmonie und scheut Konfliktsituationen. Er ist freundlich, höflich und will es dabei allen Menschen recht machen.

Der Alleinunterhalter

hört sich selber gerne reden und steht gerne im Mittelpunkt. In einer größeren Gruppe zieht er die Aufmerksamkeit auf sich, auch durch pointiertes und spannendes Erzählen.

Der Abweiser

meidet das Gespräch, wobei die Gründe in Unsicherheit, fehlendem Selbstvertrauen oder Schüchternheit liegen können.

Persönlichkeitsmodell 2

Die Kommunikationstypen werden in hier zwei defensive und drei offensive Typen unterschieden, die einander bedingen und je nach Gesprächspartner und Situation wechseln können.

Die 5 Kommunikationstypen sind:

die *Offensiven* (Einschüchterer, Vernehmer, Spielverderber)

die *Defensiven* (Verletztes Ich, Rückzug)

Auch hier repräsentieren viele Menschen Mischformen der Kommunikationstypen, die sich auch situativ und über lange Zeiträume wandeln können.

Kommunikationsstile aus psychologischer Sicht

Menschen kommunizieren entsprechend der Situation und der Person, der sie gegenüber stehen. Dabei können sie ein führendes und beherrschendes Auftreten bis zu zurückhaltendem oder vorsichtigem Verhalten zeigen. Wie ein Gespräch verläuft, hängt auch davon ab, in welcher Rolle sich der Sprechende selbst sieht. Diese Art und Weise der Kommunikation ist stark mit seinen Persönlichkeitsanteilen verbunden.

Der Psychologe Schulz von Thun unterscheidet in seinem Buch „Miteinander reden" (1989) acht Kommunikations- oder Interaktionsstile, mit denen Menschen ihre Kommunikationsbeziehung gestalten:

1. der bedürftig-abhängige Stil
2. der helfende Stil
3. der selbstlose Stil
4. der aggressiv-entwertende Stil
5. der sich beweisende Stil
6. der bestimmend-kontrollierende Stil
7. der sich distanzierende Stil
8. der mitteilungsfreudig-dramatisierende Stil

Diese acht Stile sind jedem Menschen bekannt und kommen in der Regel gemischt vor. Tritt ein Stil alleine und überwiegend auf, so kann dies Ausdruck einer psychischen Störung sein.

TIPP Im Folgenden werden verschiedene Kommunikationstile beschrieben. Prüfen Sie, in welchen dieser Kommunikationsstile Sie sich persönlich wiederfinden.

Die Stile sind:[105]

Der bedürftig-abhängige Stil

Dieser Kommunikationsstil zielt darauf ab, von anderen Hilfe und Unterstützung zu bekommen. Dafür stellt sich die Person selbst als schwach, hilflos und allein nicht lebensfähig dar. Seinen Gegenübern gibt sie dagegen das Gefühl, stark und kompetent zu sein.

Der helfende Stil

Im helfenden Stil stellt man sich selbst als stark und belastbar dar. Gern bietet man anderen Menschen seine Hilfe an. Da man sich mit den Schwächen und Problemen anderer beschäftigt, lenkt man sich von eigenen Unzulänglichkeiten und Schwierigkeiten ab, um nicht mit diesen konfrontiert zu werden.

Der selbstlose Stil

Der Selbstlose stellt sich selbst als unwichtig und unbedeutend dar und entwertet sich dadurch selbst. Er fürchtet Ablehnung und versucht immer das zu tun, was von ihm erwartet wird. Dabei richtet er sich völlig nach seinem Gegenüber und lädt sich oftmals für Andere Lasten auf.

Der aggressiv-entwertende Stil

Im aggressiv-entwertenden Stil erhebt man sich gern über andere Menschen. Aus Angst davor, dass seine eigenen Fehler und Schwächen aufgedeckt werden, konzentriert man sich auf die Fehler und Schwächen der Anderen und macht damit sein Gegenüber „klein". Der Aggressiv-Entwertende kämpft ständig gegen seine ihm oft unbewussten Minderwertigkeitsgefühle an.

Der sich beweisende Stil

Der Sich-beweisende hält sich nicht für besonders „hochwertig" und ist daher stets bemüht, sich ins rechte Licht zu rücken. Damit möchte er sich und seine Umwelt von seinem Wert überzeugen und dafür Lob und Anerkennung erhalten. Die Pflege seiner vollkommenen Fassade kostet ihn viel innere Kraft. Er kämpft ständig um seinen Selbstwert.

Der bestimmend-kontrollierende Stil

Mit dem bestimmend-kontrollierenden Kommunikationsstil versucht man, seine Umwelt und seine Mitmenschen zu lenken und zu kontrollieren. Man stellt Regeln auf und fordert von seiner Umwelt, diese einzuhalten. Damit möchte man sich vor unvorhergesehenen Überraschungen, Chaos und Kontrollverlust schützen.

Der sich distanzierende Stil

Der sich Distanzierende ist darauf ausgerichtet, den Sicherheitsabstand zu schaffen und zu bewahren, den er benötigt. Ihm ist es unangenehm, wenn andere Menschen zu nahe kommen, sowohl räumlich als auch emotional. Er neigt deshalb dazu, die Umwelt aus einer sachlich rationalen Perspektive zu betrachten.

Der mitteilungsfreudig-dramatisierende Stil

Wer den mitteilungsfreudig-dramatisierenden Kommunikationsstil pflegt, liebt es, von sich selbst zu sprechen und von den stets aufregenden Dingen in seinem Leben zu erzählen. Oftmals wirken Gefühle dabei nicht echt, sondern übersteigert. Trotz der vielen Erzählungen lässt der Mitteilungsfreudig-Dramatisierende niemanden an sein wahres Inneres heran.

Die kommunikative Kompetenz erweitern

Um im Arbeitsleben stressfrei und emotional ausgeglichen agieren zu können, sind einige Kompetenzen erforderlich.

TIPP Überlegen Sie, welche der folgenden Kompetenzen bei Ihnen ausbaufähig sind.

Konfliktkompetenz

Auftretenden Konflikten kompetent begegnen. Grund hierfür sind vor allem unterschiedliche Ziel- und Wertvorstellungen.

Empathie

Mit Einfühlungsvermögen kommunizieren.

Rhetorische Kompetenz

Im Austausch mit anderen Menschen erfolgreich auftreten, Reden halten und präsentieren.

Überzeugungsvermögen

Mitmenschen mit Argumenten in Diskussionen und Verhandlungen von einer Idee überzeugen.

Verhandlungsgeschick

In Verhandlungen manipulative Tricks erkennen und sich für seine ideelle Strategie entscheiden.

3.2.5 Sozialkompetenz

Die soziale Kompetenz, gern auch als Soft Skills bezeichnet, setzt sich aus Fähigkeiten und Fertigkeiten zusammen, die für eine soziale Interaktion notwendig sind. Sie dient einerseits dazu, Werte innerhalb der

Gruppe, in der ein Mensch agiert, miteinander zu verknüpfen. Andererseits gelangt der Mensch aufgrund der darauf basierenden Verhaltensweisen zu einem positiven Ergebnis und Ziel.

Diese Kenntnisse und Fähigkeiten resultieren aus der Kultur und dem Milieu, aus denen ein Mensch stammt.

Soziale Kompetenz setzt sich vor allem aus Konfliktfähigkeit und Kooperationsbereitschaft zusammen. Ein sozial kompetenter Mensch zeichnet sich dadurch aus, dass er beides situativ einsetzen und damit seine eigenen Ziele erreichen kann, ohne die sozialen Beziehungen zu gefährden. Somit ist die soziale Kompetenz der optimale Kompromiss zwischen Selbstverwirklichung und sozialer Verträglichkeit.[106]

Im Bezug auf die Zusammenarbeit im Arbeitsumfeld gelten folgende Kenntnisse und Fähigkeiten als notwendig:

1. Teamfähigkeit
2. Kooperation
3. Motivation
4. Konfliktfähigkeit
5. Kommunikationsfähigkeit

Sowie folgende Führungsqualitäten:

6. Verantwortung
7. Fleiß
8. Flexibilität
9. Großmut
10. Härte
11. Konsequenz
12. Vorbildfunktion

Hilfreich im Arbeitsleben im Umgang mit anderen Menschen und im Erreichen der Ziele kann es sein, folgende Fertigkeiten zu schulen (auch zur Vermeidung von Depressionen):[107]

- Nein sagen können
- Gefühle offen zeigen und äußern können
- Blickkontakt halten
- Versuchungen zurückweisen können
- Um einen Gefallen bitten können
- Auf seinem Recht bestehen
- Stärken zeigen

- Schwächen eingestehen
- Auf Kritik reagieren
- Widerspruch äußern können
- Sich entschuldigen können
- Fehler eingestehen
- Änderungen bei störendem Verhalten Anderer verlangen
- Erwünschte Kontakte arrangieren
- Auf Kontaktangebote eingehen
- Unerwünschte Kontakte beenden
- Komplimente akzeptieren
- Komplimente machen
- Lob, Zustimmung erteilen
- Ausreden lassen
- Zuhören können

3.2.6 Was ist Glück?

Glück kann nicht garantiert werden. Es gibt weder eine allgemeingültige Gebrauchsanweisung noch eine allumfassende Definition. Dennoch sehnt sich der Mensch nach dem einzigen und wahren Glück, das zudem ein Leben lang halten soll.

Glück ist eine Droge, sagt der Volksmund. Glück hängt mit Geld zusammen, glaubt der Mensch, und Konsumieren steht für eine Art Glücksgarantie. Der Mensch strebt allzeit nach Glück. Hat er es gefunden, will er mehr und weiter, höher, größer, teurer.

Eine der Ursachen für diesen Drang fanden die Neurowissenschaftler in der Art und Weise, wie das Belohnungszentrum im Gehirn arbeitet. Und bestätigten dabei den Volksmund.

Das Belohnungssystem im Gehirn

Das menschliche Gehirn sendet andauernd Signale, die Belohnungs- oder Risikoinformationen beinhalten. Und das Gehirn muss ständig Entscheidungen treffen, die das Verhalten beeinflussen. In welch starkem Maße dies geschieht, fanden Wissenschaftler in den letzten Jahren heraus. Direkt hinter dem Rachen, im Mittelhirn, liegt das Belohnungszentrum des Menschen. Mehr als ein Million Nervenzellen sitzen hier, die den körpereigenen Wohlfühlstoff Dopamin produzieren und deshalb Dopaminneurone genannt werden. Dopaminneurone reagieren nicht nur auf Belohnung, sondern auch, wenn sich die Belohnung ankündigt – in einer Information, einem möglichen Reiz oder Sinneseindruck.

Die Wissenschaftler konnten nachweisen, dass die Ursache für unsere Unfähigkeit, mit gegebenen Dingen zufrieden zu sein, am Belohnungssystem des menschlichen Gehirns liegt. Je höher nämlich eine Belohnung ausfällt, desto stärker antworten die Dopaminneurone. Im Gegenzug schicken sie eine negative Antwort, wenn die Belohnung geringer ausfällt als erwartet. Doch die eigentliche Krux an der Sache ist die, dass Dopaminneurone gar nicht reagieren, wenn die Belohnung genau in der Höhe ausfällt, in der sie erwartet wurde.

Wie sich das auf das Verhalten des Menschen auswirkt, ist bekannt: Ein erwartetes Geschenk ist ganz nett. Wenn aber statt der CD eine Kurzreise nach Paris im Umschlag steckt, steigen Freude und Erregung enorm an.

Das Belohnungssystem im Gehirn zieht ein Verhalten nach sich, dem Religionen, Meditationen und Affirmationen versuchen entgegenzutreten: Wir brauchen und suchen ständig mehr Belohnung und scheinen niemals mit dem zufrieden zu sein, was wir haben.[108]

Funktionen von Belohnung

Nach Wolfram Schulz, Neurowissenschaftler in Cambridge, besitzt Belohnung drei Funktionen:[109]

- In der ersten Funktion erzeugt Belohnung eine Annäherung und dient als Grundlage für Entscheidungen: Wenn wir etwas wollen (ein Getränk, eine Speise), dann nähern wir uns diesem an (im Supermarkt, im Restaurant), um es zu erreichen.

- In der zweiten Funktion sorgt Belohnung dafür, dass wir voraussagende Informationen lernen, also lernen, welche Sache für uns wichtig ist (schmeckt, wärmt, gut aussieht, modern ist), wodurch wir uns dieser Sache annähern und uns dafür entscheiden können (dem bevorzugten Getränk, dem modischen Rock).

- In der dritten Funktion erzeugt Belohnung Glücksgefühle und Euphorie, wodurch das Verlangen danach, ebenso wie das Annäherungsverhalten verstärkt und Entscheidungen und Lernen beeinflusst werden.

Belohnung wirkt: Wir verlangen nach Dingen, Substanzen und Sexualpartnern – die sogenannte ursprüngliche Belohnung –, weil sie uns Genuss bereiten. Dafür lernen wir anhand zahlreicher Informationen und nähern uns ihnen auf einem der möglichen Wege an.

Entscheidungen treffen

Belohnungen bestimmen Willen und Verhalten des Menschen. Selten steht nur eine, oftmals stehen mehrere mögliche Belohnungen in Aussicht, weshalb abgewägt wird: Gibt es ein Risiko und wie hoch ist es? Und wie hoch ist der subjektive Wert der einzelnen Belohnung? Jeder Mensch geht anders mit Risiko um und jede Belohnung hat für ihn einen anderen subjektiven Wert, wodurch Menschen unterschiedliche Entscheidungen treffen und unterschiedliche Anstrengungen unternehmen, um Belohnungen zu erreichen. Diese Unsicherheiten in der Voraussage, wie sich jemand entscheiden wird, bezeichnen Ökonomen als irrationale Entscheidungen.[110]

Geld und Glück

Das Glücksgefühl scheint immer im Kontext zur Umgebung zu stehen. Wer wie glücklich ist, orientiert sich dabei nämlich an der Umwelt. Hier liegt die Messlatte. Wie glücklich bin ich, wenn der Nachbar das größere Auto oder den tieferen Swimmingpool besitzt?

Menschen in ökonomisch herausragenden Positionen scheinen allerdings nicht sonderlich glücklicher als der normale Durchschnittsverdiener in Mitteleuropa zu sein, wie Untersuchungen feststellten. Geld macht also doch nicht glücklich? Macht es – allerdings nur für einen Moment. Studien ergaben, dass Menschen einen kurzen Augenblick glücklich sind, wenn sie ein Geldstück auf der Straße finden. Auch nur für einen Moment erfahren sie einen Glücksrausch, wenn sie ein außergewöhnlich hohes Geldgeschenk oder eine Lohnerhöhung erhalten. Und wie lange sie glücklich sind, hängt auch von der Höhe der Summe und dem Kontext ab: Kleine Summen werden gewöhnlich gleich ausgegeben und sorgen beim Konsumieren für einen weiteren Glücksmoment. Größere Summen machen solange glücklich, bis sich der Mensch an den veränderten Lebensstandard gewöhnt hat. Dann will er wieder mehr.

Glücksgefühl lässt sich bewerten

Es gibt einige Kriterien, an denen sich das durchschnittliche Glücksgefühl der Bewohner eines Landes einschätzen lassen kann. Wichtig sind hierbei:[111]

- Wohlstand (Bruttosozialprodukt pro Kopf)
- Gesundheit (Lebenserwartung bei der Geburt)
- Politische Stabilität
- Scheidungsrate
- Gemeinschaftsleben
- Klima (je wärmer, desto besser)
- Arbeitslosenquote
- Politische Freiheit
- Gleichbehandlung der Geschlechter (je näher die Einkommen von Männern und Frauen, desto glücklicher die Menschen)

Keine Belohnung – starker Antrieb

Treffen Erwartungen nicht ein, erfolgt auch keine chemische Belohnung – sondern ein Impuls zum Antrieb. Da die letzte Strategie offensichtlich nicht zum gewünschten Erfolg geführt hatte, sucht das Gehirn nun nach neuen Wegen. Damit die Belohnung doch noch eintrifft, werden andere Möglichkeiten ausprobiert und Informationen gesammelt. Fehler sind also ein starker Antrieb, um neue Wege zu beschreiten.

No risk, no fun

Der Neurowissenschaftler Ernst Pöppel bezeichnet die Theorie des Scheiterns als „Prinzip der Parallelaktionen":[112] Menschen fixieren Ziele im Gehirn und suchen nach Wegen, diese zu erreichen. Große Teile im Frontallappen arbeiten daran, zahlreiche Perspektiven, Handlungen und deren Konsequenzen abzuwägen. Bei Erfolg stellt sich ein belohnendes Gefühl ein, bei Nichterreichen ein Gefühl des Scheiterns.

Menschen lernen, je älter sie werden, dass das Leben nicht planbar ist. Wer ein Risiko auf sich nimmt und einen neuen Weg beschreitet, dessen Ende er nicht kennt, kann scheitern. Oder eben Erfolg haben. Aber erfolgreich kann der Mensch nur sein, wenn er sich entschließt, einen neuen Weg zu beschreiten, wenn er etwas wagt und das mögliche Scheitern dabei in Kauf nimmt.

3 Mentale Fitness

TIPP   S<small>EHEN</small> S<small>IE</small> <small>ES WIE DER</small> G<small>EHIRNFORSCHER</small> E<small>RNST</small> P<small>ÖPPEL</small>: S<small>CHEITERN IST</small>
              <small>EIN</small> L<small>EBENSPRINZIP</small>. D<small>IES ZU ERKENNEN UND ANZUNEHMEN, STABILISIERT</small>
              <small>DIE MENSCHLICHE</small> P<small>SYCHE UND DAMIT DEN</small> M<small>ENSCHEN SELBST</small>.[113]

Erreichbare Ziele setzen

Wenn sich Menschen Ziele setzen, planen sie eine Strategie mit Zwischenzielen, die im Gehirn gespeichert werden. Das Gehirn vergleicht nun auf dem Weg zum Ziel den Stand der Dinge mit dem gespeicherten Plan. Die Selbstüberwachung ist eingeschaltet. Fällt das gespeicherte mit dem erreichten Ziel zusammen, setzt das Belohnungszentrum (Nucleus accumbens) den Neurotransmitter Dopamin frei und verhilft zu einem angenehmen Gefühl. Glück und Zufriedenheit stellen sich ein.[114]

Setzen sich Menschen zu hohe Ziele und erreichen sie nicht, erfolgt kein Dopaminausstoß. Setzen sie sich aber kleinere und leichter zu erreichende Ziele, wird sich der Zustand der Zufriedenheit öfter und schneller einstellen.

TIPP   S<small>UCHEN</small> S<small>IE SICH STETS REALISTISCHE, ERREICHBARE</small> Z<small>IELE, DIE</small> S<small>IE IN EINEN</small>
              <small>LEICHTEN INNEREN</small> S<small>PANNUNGSZUSTAND VERSETZEN UND SCHLIESSLICH</small>
              <small>DURCH DAS</small> E<small>RREICHEN IN EIN ZUFRIEDENERES</small> L<small>EBEN FÜHREN</small>.

Können wir „Glück" als positive Gefühle und angenehme Stimmungen definieren, dann bewirken beide im beruflichen Kontext ein effizienteres und kreativeres Denken und Problemlösen.[115]

Selbstreflexion: Humor ist, wenn man trotzdem lacht

Es ist bekannt: Mit Humor erträgt sich vieles leichter. Tatsächlich benötigen wir eine gesunde Portion Humor, vor allem in Bezug auf uns selbst, um mit den eigenen Unzulänglichkeiten auszukommen. Dieses Prinzip der Fehlerfreundlichkeit mit Humor bezeichnet der Hirnforscher und Gesprächspsychotherapeut Ernst Pöppel als eine Art Realitätstherapie, die man sich öfter selbst verordnen sollte.[116] Dahinter steckt die Chance, sich zu erkennen und zu akzeptieren, wie man ist, inklusive seiner Fehler und Schwächen – ein Ziel quasi auf dem Weg ins Glück.[117]

TIPP

Der Neurowissenschaftler Ernst Pöppel sieht Scheitern als Chance und rät:

Beginnen Sie zu netzwerken.
Social Networking, auch um Einsamkeit zu überwinden.

Beginnen Sie eine Selbsttherapie.
Vergegenwärtigen Sie sich drei Situationen des Scheiterns und schreiben Sie auf, welche positiven Wendungen sich daraus ergeben haben.

Reduzieren Sie Ihre Ziele.
Auf realistische Ziele.

Tragen Sie ein Lächeln.
Gegen Misserfolg, damit andere Menschen leicht Kontakt aufnehmen können und die verletzte Identität leichter geheilt werden kann.

Vergleichen Sie sich mit anderen.
Um zu erkennen, dass das Scheitern zum Schicksal eines Menschen gehört.

Lachen Sie sich gesund!

Lachen macht gute Laune, und wie der Volksmund schon weiß: „Lachen macht gesund!" Lachen und Kichern hilft nicht nur, den Alltag zu meistern – es stählt dabei den Körper. Es ist bewiesen, dass Lachen bestimmte Heilungsprozesse im Körper unterstützt, die Immunabwehr stärkt, die Produktion von Stresshormonen bremst und die Ausschüttung von Glückshormonen fördert. Zudem versetzt das Lachen Luftröhre, Lunge und Zwerchfell in Schwingung und sorgt für eine Massage der inneren Organe. Die Gesichtsmuskeln entspannen sich – wir fühlen uns insgesamt wohler.

Religionen und Glück

Wie gern möchte der Mensch sein Schicksal in der verantwortungsbewussten Hand eines Beschützers/einer Beschützerin sehen. Er oder sie lenkt und leitet den Menschen durch die Klippen des Lebens und sorgt am Ende stets dafür, dass alles gut ausgeht.

Die Sehnsucht nach Schutz und Geborgenheit scheint jedem Wesen inne zu wohnen. Heute bedienen diese Sehnsucht die Religionen und spirituellen Richtungen. Während in den Jahrhunderten zuvor eine Religion den Götterhimmel und damit die Möglichkeit der zahlreichen Charakterausprägungen des Menschen in eine Ordnung bringen sollte, ebenso der Organisation des Hier und Jetzt diente und dabei die Menschen in die von Kirche und Herrschaft gewünschten

Bahnen lenkte und erzog, so finden und suchen Menschen heute in Religionen vor allem spirituellen Halt und Lebenssinn.

Gründer und Stifter von Religionen hatten oftmals Anderes im Sinn als den religiösen Überbau, den Rigoristen später aus ihrem Gedankengut entwickelten. Sie wollten zunächst die vorhergehenden Zustände reformieren und positiv ändern. Machtstrukturen und deren Ausprägungen hatten sich bis dahin derart verändert, dass nicht mehr die spirituelle Verbindung, sondern äußere Zwänge und Ansichten im Vordergrund der Religionsausübung standen. Die Reformer kritisierten die Zustände und suchten nach neuen Wegen. So blieb Jesus zwar bis zu seinem gewaltsamen Tode dem jüdischen Glauben verbunden, hatte sich aber zeitlebens bemüht, die strengen religiösen Gebote zu öffnen und das Mitgefühl in den Mittelpunkt zu rücken. Buddha waren die hinduistischen Rituale zu nichtssagend, die sich weniger mit dem menschlichen Leid als mit der Verehrung der Götter beschäftigten. Er suchte nach einem Weg, diesem Leid zu begegnen. Und Luther fand den Ablasshandel derart Menschen und Gott verachtend, dass er – zunächst wider Willen – dem Katholizismus entgegentrat.

Als zu Beginn des 20. Jahrhunderts das spirituelle und karmische Denken aus Asien nach Europa kam, entwickelte sich über die nächsten Jahrzehnte eine Kultur des Reflektierens und Meditierens, das dem linearen Glaubensverständnis der großen monotheistischen Kirchen gegenüber stand. Aus den Denkansätzen, die nicht auf ein Leben nach dem Tod bei Gott zielten, sondern auf einen verantwortungsbewussten Umgang aller Kreaturen im Hier und Jetzt und die Möglichkeit einer Wiedergeburt in Betracht zogen, änderte sich auch die Haltung gegenüber allen bekannten Religionen.

Mit den Jahren kam es zu einer Vermischung an Glaubenssätzen. Welcher Gott ist Gott? Was wirkt, was wir nicht sehen? Die Verbindung mit einer höheren Macht, die im Gegenzug Schutz bietet, weitete sich mit dem Einzug der Esoterik auf das gesamte Universum aus, in dem Menschen alle eins sind. Den Fluss der Energie, der ihr Leben bestimmt, galt es zu beeinflussen. Und der esoterische Denkansatz bietet schnelle und einfache Antworten: Da alles Energie ist, kann jedes Problem, jede Krankheit gelöst werden, wenn der Mensch nur seine und die Weltenenergie endlich in den Griff bekommt. Die Verantwortung wird also aus der Hand eines Weltenlenkers in die Hand des Menschen selbst gelegt. Verantwortung für sein Leben zu übernehmen ist die Erkenntnis nach der Säkularisierung, aber damit auch alleinige(r) Verantwortende(r) und Löser(in) der eigenen Krisen zu sein, ist ein esoterischer und schlichter Wunschtraum. Einfache Antworten lassen den reflektierten Menschen aufhorchen – und eine Sache hinterfragen.

Menschen, die in ihrer Kindheit eine Religion in einem ausgeglichenen Maße erfahren durften, fühlen sich oftmals ein Leben lang behütet. Sie fühlen sich von etwas beschützt.[118] Und dieses Etwas gibt idealerweise dem Leben noch einen Sinn.

Treten höhere Wesen oder Erkenntnisse in das Leben des Einzelnen, nennt er sich bekehrt oder erleuchtet. Atheisten und Neurowissenschaftler erklären diese Effekte schlichtweg als Fehlschaltungen im Gehirn. Tatsächlich kann ein leistungsfähiges und immer nach Erklärungen suchendes Gehirn uns jederzeit Streiche spielen. Es kann beliebig viele Glaubenssysteme erfinden, die so ausgereift sind, dass man schließlich selbst an sie glaubt. [119]

Seit ihrer Geburt lernen Menschen gleichzeitig zu wissen und zu glauben, und wenn sie zunächst nur an das eigene Selbst und ihre Existenz glauben müssen. Beide Bewusstseinsformen, die rationale und empathische, sind in unserem Gehirn verankert und nicht zu trennen. Wir können weder ausschließlich rational noch emotional handeln. Und auch wenn wir uns gerne auf den rationalen Teil verlassen möchten: Gerade der empathische Bezug ist derjenige, der uns in Grenzsituationen wie Krankheit oder Trennungen den Halt verleiht:[120]

- Grundsätzlich gilt: Gedanken, Handlungen und Rituale, die verantwortungsbewusst mit Mensch und Mitmenschen umgehen, sind auch gut für den Menschen.
- Wurden Sie religiös erzogen und empfinden den Glauben als stärkend und beschützend, dann leben Sie diesen Glauben. Er gibt Ihnen Kraft.
- Wirkt ein Glaube (oder eine Glaubensmoral) schwächend auf sie, dann sollten Sie diese(n) unbedingt überdenken.
- Hüten Sie sich vor schnellen spirituellen Antworten! Egal ob eine Familienaufstellung, ein Engelsbegleiter oder eine singende Meditation: Sobald diese Methoden eine schnelle Heilung oder Änderung versprechen, schalten Sie Ihren gesunden Menschenverstand ein. Wird vielleicht mit Ihrer Leichtgläubigkeit gespielt?

Alltag und Glück

Schon die Großmütter wussten es: Glück findet sich in den kleinen Dingen. Diese Erkenntnis wächst mit zunehmendem Alter. Aber wie finden wir tatsächlich „Glück im Alltag"?

Ernst Pöppel stellte eine Liste zusammen, die „Wunder der Welt im Alltag" sichtbar und erlebbar machen und damit auf das Glücksempfinden einwirken soll:[121]

1. Beschäftigen Sie sich jeden Tag eine Viertelstunde lang mit einer Sache, die ungewöhnlich und doch alltäglich ist. Betrachten Sie ein Blatt oder Natur oder eine Erfindung ...

2. Akzeptieren Sie sowohl den empathischen Bezug zur Welt wie auch den rationalen. Diese beiden Seiten Ihres Selbst ergänzen sich gegenseitig, sind komplementär.

3. Leben Sie beide Seiten. Fördern Sie sowohl Ihre analytischen wie auch die emotionalen/spirituellen Anteile. Reflektieren Sie darüber.

4. Wenn Sie ein religiöser Mensch sind, dann praktizieren Sie dies auch. Religion ist der Ausdruck einer Sehnsucht nach dem Verborgenen.

Im Alltag lässt sich Glück in wenigen Schritten erreichen:

TIPPS
- Versuchen Sie, eine positive Einstellung zu erhalten.
- Machen Sie sich nicht von den Medien und Kommunikationstechnologien abhängig.
- Orientieren Sie sich am Einfachen und Natürlichen statt Künstlichem und Materiellem.
- Ihre Seele bestimmt (Ihnen vielleicht unbewusst) Ihre Handlungen. Kümmern Sie sich um Ihre Seele.
- Setzen Sie sich Ziele. Auf jedes erreichte Ziel folgt das nächste.
- Erinnern Sie sich abends an die schönen Augenblicke des vergangenen Tages.
- Erfreuen Sie sich an den kleinen Dingen des Alltags und nehmen Sie diese bewusst wahr.
- Fügen Sie eine künstlerische Tätigkeit zu Ihren Freizeitaktivitäten hinzu: Malen, Musizieren, Singen, Tanzen, Töpfern – der kreative Ausdruck macht glücklich.

3.3 Geistig fit

3.3.1 Das Gehirn

Unser Gehirn vermag Erstaunliches. Bis heute kann es keine Maschine in seiner Komplexität mit ihm aufnehmen. Von außen ist dem Gehirn seine Großartigkeit nicht anzusehen. Und auch seine Konsistenz deutet kaum auf die außergewöhnlichen Fähigkeiten hin: Die etwa 1,4 Kilogramm schwere walnussförmige Zellansammlung besteht zu zwei Dritteln aus Wasser und zu einem Drittel aus Fetten, Proteinen und anderen chemischen Substanzen. Zum Arbeiten benötigt das Gehirn nur Sauerstoff und Glukose. Erst die millionenfach gleichzeitig ablaufenden Schaltprozesse sorgen dafür, dass das Gehirn erstaunlich schnell arbeitet.

In den letzten Jahrzehnten haben die Wissenschaftler enorme Fortschritte bim Verständnis über die Funktionsweise des Gehirns erzielt. Der anatomische Aufbau des Gehirns mit seinen unterschiedlichen Anhängen, Arealen, Schichten und Strukturen ist bekannt. Zahlreiche Funktionen ebenso. Doch das Gehirn ist ein derart komplexes Gebilde, wovon zwar der Aufbau und die Zusammensetzung, keineswegs jedoch die vollständige Arbeitsweise und Zuständigkeiten der Areale erforscht sind. Wie der Mensch tatsächlich denkt, ist vielfach ein Rätsel.

Die meisten Signale, die zum Gehirn gelangen, werden dort von Zelle zu Zelle weitergegeben. Diese Verbindungen verschalten die Zellen miteinander, doch ihre Funktion ist weitgehend ungeklärt.

Wir wissen heute, dass das Gehirn das gesamte Leben eines Menschen hindurch formbar ist und sich in seinen Verschaltungen der jeweiligen Lebenssituation anpasst. Auch Sport, denn dadurch wird das Gehirn mit Sauerstoff versorgt, spielt neben dem Denken eine wichtige Rolle. Das Gehirn verschaltet und entwickelt sich je nachdem, wie der Mensch es benutzt, oder wie der Hirnforscher Gerald Hüther es sagt: je nachdem, wie der Mensch es mit Begeisterung benutzt.

Plastizität

Eine der heute spannendsten Frage in der Forschung ist die nach der Möglichkeit des Gehirns zur Plastizität: Kann das Gehirn sich verändern und wachsen? Bekannt war, dass sich synaptische Verbindungen ändern können und damit eine Plastizität ermöglichen. Aber jahrzehntelang galt die Meinung, dass ein ausgewachsenes Gehirn sich nicht mehr in seiner Struktur verändern kann. Nachdem sich aus den Stammzellen die entsprechenden Neurone (auch: „Neuronen") und Gliazellen herausgebildet und ihre Teilungsfähigkeit verloren haben, in die zugewiesenen Areale eingewachsen und dort auch verschaltet sind, sei das Gehirn weder fähig zu Wachstum, hier vor allem Zellteilung, noch derartiger Veränderung. Der einzige Weg, der den Neuronen dann noch bevorstünde, wäre der Zelltod.

Seit den 1990er Jahren ist bekannt, dass bestimmte Hirnareale eine Plastizität aufweisen: Sie können sich vergrößern und in ihrer Funktion verändern. Zu diesen Strukturen gehört der Hippocampus, in dem sich Synapsen, Blutgefäße und selbst Nervenzellen neu bilden.

Aufbau des Gehirns – Regionen, Areale und Zellen

Unser Gehirn entwickelte sich aus den Ausstülpungen des Neuralrohrs. Die Hohlräume im Inneren, die sogenannten Ventrikel, sind mit der Flüssigkeit Liquor gefüllt.

Das Denkorgan selbst unterteilt sich in verschiedene Regionen und Abschnitte.

Das Großhirn

Das Großhirn ist in zwei Hälften oder Hemisphären unterteilt, die über den *Balken* und andere Teile verbunden sind. Die stark gefurchte, nur wenige Millimeter dicke *Großhirnrinde*, der Kortex, stellt das Großhirn. Hier befindet sich die Hälfte aller Nervenzellen. Und hier werden die kognitiven Prozesse wie das logische Denken, Bewusstsein und Reflektieren sowie das Erkennen von Zusammenhängen gesteuert. Auf der Rinde können zwei Arten von so genannten „Rindenfeldern" unterschieden werden: die primären Felder und die Assoziationsfelder. Die primären Felder verarbeiten Informationen über Wahrnehmung wie Sehen, Riechen, Berühren oder über Bewegungen. Die Assoziationsfelder hingegen dienen dazu, verschiedene Funktionen aufeinander abzustimmen, wie auch Funktionen des Gedächtnisses oder höhere Denkvorgänge. Insgesamt sind bis heute mehr als 50 Areale mit unterschiedlichen Funktionen auf dem Kortex bekannt.

Spannend ist der präfrontale Kortex, denn hier speichern sich Erfahrungen ab, die wir im Laufe unseres Lebens machen und woraus sich Leitbilder, Haltungen und Orientierungen – also die „Ich"-Funktion (Hüther) ausbilden. Diese Erfahrungen und ihre Ausprägungen beeinflussen alle Handlungen unseres Lebens, die wir ausführen, und alle Entscheidungen, die wir treffen. Im frontalen und präfrontalen Kortex ist also ein großer Teil der menschlichen Entscheidungsfreudigkeit angelegt.

Die Milliarden Nervenzellen, aus denen sich die Großhirnrinde zusammensetzt, bilden die so genannte Graue Substanz (Substantia grisea), die bei einem lebenden Menschen leicht rötlich gefärbt ist und erst mit dem Tod zu einem Grau verbleicht. Die ersten Forscher, die tote Gehirne untersuchten, nannten deshalb diese Neuronenansammlung „Graue Substanz". Deren Nervenfasern, die ins Großhirn ragen, formen hier die Weiße Substanz (Substantia alba). Dieses Geflecht aus Axonen erscheint aufgrund des Hüllstoffes Myelin weiß, das als fettreicher Mantel die langen Nervenfasern umhüllt und schützt und für eine Beschleunigung der elektrophysiologischen Signalweiterleitung sorgt.

Der *Kortex* unterteilt sich in fünf Lappen, die sich nicht nur räumlich unterscheiden, sondern denen sich auch verschiedene Funktionen zuordnen lassen.

Frontallappen oder Stirnlappen (*Lobus frontalis*): motorische Zentren, Planung und Umsetzung von Handlungen, Merkmale der Persönlichkeit, Entscheidungsfähigkeit.

Parietallappen oder Scheitellappen (*Lobus parietalis*): Verarbeitung von haptischen Empfindungen und Schmerzempfindungen.

Okzipitallappen oder Hinterhauptslappen (*Lobus occipitalis*): Sehzentrum.

Temporallappen oder Schläfenlappen (*Lobus temporalis*): Hörzentrum.

Insellappen, bedeckt von anderen Lappen, seitlich liegend (*Lobus insularis*): Geschmackszentrum einschließlich der Bewertung von Geschmack (Ekel).

Wo wir denken

Als „Gehirnwindungen" wird umgangssprachlich die in starke Falten gelegte Hirnrinde bezeichnet. Da hier die meisten Nervenzellen sitzen und die komplizierten Denkprozesse stattfinden, drückt sich in diesen „Windungen" tatsächlich ein Großteil des Gehirns aus.

Am unteren Ende der Hirnrinde sitzt der *Hippocampus*, der als die für das Lernen und die Gedächtnisbildung wichtigste Region gilt. Hier

3 Mentale Fitness

werden neue Erlebnisse und Erfahrungen zwischengespeichert, bevor sie zur Großhirnrinde geschickt und dort archiviert werden.

Der Hippocampus ist auch für die räumliche Orientierung zuständig und wächst mit seinen Aufgaben, was die englische Neurowissenschaftlerin Eleanor Maguire im Jahr 1999 herausfand. Entgegen der Vorstellung vom nicht veränderbaren Gehirn findet hier Neurogenese tatsächlich statt. Werden Probanden über einen längeren Zeitraum mit Aufgaben zur räumlichen Orientierung bombardiert, vergrößert sich deren dafür zuständige Region im Hippocampus.

Diese Gehirnregion hat die Fähigkeit zum Wachstum, ebenso wie verschiedene andere Areale. Möglicherweise greift eine zur Plastizität fähige Gehirnregion auf drei Mechanismen zurück:[122] Die Region bildet neue Blutgefäße, neue synaptische Verbindungen und neue Nervenzellen (Neurogenese) aus.

Im Großhirn sitzt ebenfalls die paarig auftretende *Amygdala*, die auch Mandelkern heißt und im Temporallappen angesiedelt ist. Als Teil des Limbischen Systems verarbeitet sie Impulse, wertet bedrohliche Situationen aus und spielt eine Rolle bei der Ausbildung starker Emotionen wie Angst, Freude oder Überraschung, möglicherweise ist sie auch am Sexualtrieb beteiligt.

Balken

Der Balken (Corpus callosum) verbindet die rechte mit der linken Gehirnhälfte und schickt fortwährend Impulse von einer zur anderen Seite. Patienten, denen diese Verbindung durchtrennt wurde (Split-Brain-Patienten), beispielsweise starke Epileptiker in den fünfziger Jahren des 20. Jahrhunderts, zeigten Befunde, in denen ein linkes oder rechtes Körperteil als fremd angesehen wurde (Alien-Hand-Syndrom). Da es aber weitere Verbindungen außer dem Balken zwischen den Gehirnhälften gibt, ist ein Austausch in der Regel weiter möglich.

Zwischenhirn

Das Zwischenhirn, das mit seinen verschiedenen Strukturen den Hormonhaushalt kontrolliert, Hunger und Durst auslöst oder den Sexualtrieb bestimmt, setzt sich aus vier Regionen zusammen:

- Dem *Thalamus*, der die ein- und ausgehenden Informationen zwischen Hirnstamm und Großhirn als eine Art Schaltstelle moduliert, alle Informationen aus den Sinnesorganen (außer dem olfaktorischen Sinn) regelt und anschließend für die kortikale Erregung sorgt.

- Dem *Subthalamus*, der den Thalamus steuert.
- Dem *Hypothalamus*, der mit der Hypophyse (Hirnanhangdrüse) verbunden ist. Er steuert verschiedene vegetative Funktionen des Körpers und bildet eine Reihe von Effekthormonen aus, die beispielsweise zum Wachstum von Knochen und Muskeln führen, ebenso Neuropeptide und Dopamin.
- Dem *Epithalamus* mit der *Zirbeldrüse (Epiphyse)*, die für die Steuerung der tages- und jahreszeitlichen Rhythmen verantwortlich ist, sowie Regionen, die für die Arbeit der Augen und des Sehnervs zuständig sind.

Kleinhirn

Das leicht gefaltete Kleinhirn, das am Hinterkopf liegt, unterteilt sich ebenfalls in zwei Regionen und ist über einen Stiel mit dem Mittelhirn verbunden. Im Kleinhirn werden Gleichgewicht, Körperhaltung und motorische Bewegungen gesteuert. Ebenso nimmt es bestimmte Erlebnisse (vom Hippocampus) entgegen und archiviert diese hier als Erinnerungen. Auch Spracherwerb und soziales Lernen sind im Kleinhirn anteilig positioniert.

Hirnstamm

Dieser entwicklungsgeschichtlich älteste Teil verbindet das Gehirn mit dem Rückenmark und enthält sämtliche Nervenstränge, weshalb es die Reize aus dem Körper aufnimmt. Es steuert verschiedene Prozesse und unbewusste Vorgänge wie Augenbewegungen, Niesen, Schlucken, Herzschlag, Verdauung, Atmung.

Zum Hirnstamm gehört die *Brücke*, die als eine Art Kreuzung mit dem Kleinhirn und dem Mittelhirn in Verbindung steht. Das *Mittelhirn* ist dabei die oberste Region des Hirnstamms und für Motorik, Hören und Sehen zuständig.

Das Limbische System

Dem Limbischen System, das sich aus verschiedenen regionalen Bereichen zusammensetzt und sich im Gehirn ringförmig ausdehnt, wurde lange die Ausschließlichkeit der Verarbeitung von Emotionen und des Triebverhaltens zugeordnet. Tatsächlich sind dabei auch andere Strukturen des Gehirns beteiligt. Gemeinsam wirken sie ebenfalls bei der Ausschüttung von Endorphinen. Zum Limbischen System gehören neben anderen der Hippocampus, die Amygdala, Teile des Thalamus und der Mammillarkörper.

Links und rechts

Den beiden Gehirnhälften werden gerne exakte Zuständigkeiten zugeschrieben. In der populärwissenschaftlichen Meinung ist die linke Hemisphäre für das logische, verbale und rationale Denken zuständig, die rechte Gehirnhälfte dagegen für das Musische, Emotionale und Kreative. Zahlreiche motorische „Verschaltungstechniken" von gegengleichen Bewegungsabläufen, die man trainieren soll, bis hin zu theoretischen Konzepten wie die Edu-Kinestetik basieren auf den getrennten Arealen. Doch leider ist dies zu kurz gedacht. Zwar ist bis jetzt bekannt, dass das Sprachzentrum in der linken Gehirnhälfte lokalisiert ist, aber bei zahlreichen anderen Fähigkeiten sind nicht nur das Großhirn, sondern weitere Hirnareale an den Prozessen beteiligt.

Neurone und Gliazelle

Im Nervensystem kommt vor allem ein Zelltyp vor: das Neuron. In etwa 10- bis 50-milliardenfacher Ausführung ist es allein in der Hirnrinde (Kortex) zu finden. Neben dem Neuron findet sich noch die Gliazelle, die zahlenmäßig sogar noch häufiger vorhanden ist. Lange wurde die Gliazelle aufgrund ihrer Struktur als Gerüst oder Kittzelle gesehen. Dabei weist sie mehr Potential und Aufgaben auf, als bisher gedacht. So besitzt die Gliazelle ebenfalls Rezeptoren für Botenstoffe, sorgt für die Bahnen, in denen sich die Neurone ausbilden, und erfüllt wichtige Funktionen bei Ernährung, Transport und Blutzufluss im Gehirn. Allerdings besitzt die Gliazelle kein Aktionspotential, sie kann nicht mittels elektrischer Impulse kommunizieren. Gebildet haben sich Gliazelle und Neuron aus der wenig spezialisierten Stammzelle. Mit der Spezialisierung ging ihre Fähigkeit zur Teilung verloren.

Die Zelle für sämtliche Kommunikationsprozesse im Gehirn ist das Neuron. Es besteht aus einem Zellkörper mit kurzen dünnen Fortsätzen, den Dendriten, und einem ebenfalls fortsatzartigen, viel längeren Axon. An den Dendriten sitzen kleine Verdickungen, die dendritischen Spines. Am Ende des Axons sitzt ebenfalls eine Verdickung, der axonale Bouton. Treffen die Enden aufeinander und vereinen sich, schaffen sie damit die Voraussetzung, dass Informationen ausgetauscht werden können.

Axone und Dendriten dienen ausschließlich der Kommunikation: Axone leiten Informationen weiter, Dendriten nehmen Informationen auf. Verbinden sich die präsynaptischen Endigungen eines Axons mit den postsynaptischen Endigungen eines Dendriten einer anderen Nervenzelle, entsteht eine synaptische Verbindung – die Synapse, über die mittels der Ausschüttung von Botenstoffen und eines elektrischen Impulses Informationen geleitet werden. Die Zellen kommunizieren.

Neurone scheinen von außen betrachtet nur Impulse zu leiten und auf Signale zu reagieren. Doch es muss mehr dahinter stecken. Schließlich formt sich aus den Milliarden Verbindungen ein Gedanke und die elektrischen Impulse sorgen dafür, dass der Mensch arbeitet, denkt, fühlt und von der Zukunft träumt – wie dies allerdings geschieht, ist unklar.

Noch stehen die Wissenschaftler vor vielen Fragen. Eine davon lautet, wie es die Neurone schaffen, mit anderen weit entfernten Neuronen synaptische Verbindungen einzugehen. Möglicherweise schwingen Neurone, die miteinander vernetzt sind und in einem (inhaltlichen) Zusammenhang stehen, (elektrisch) synchron. Sind sie für das gleiche Objekt kodiert, geben sie ihre Ladung synchron weiter und damit eine Botschaft der Zusammengehörigkeit an die anderen Zellen: Alle Hirnzellen, die gerade gleichzeitig entladen, machen gewissermaßen gemeinsame Sache.[123]

Küsse mit Aktionspotential

Neurone kommunizieren mittels elektrischer Impulse. Diese Fähigkeit teilen sie nur mit den Muskelzellen, die Aktionspotentiale über chemische Synapsen empfangen. Das Ruhepotential zwischen Zellinnen- und Zellaußenseite beträgt etwa -70 mV, also etwa das Zwanzigstel einer Taschenlampenbatterie.[124]

Bei einer elektrischen Erregung steigt die elektrische Spannung auf +30 mV und wird als Aktionspotential bezeichnet. Das geschieht, weil postsynaptische Potentiale eine Depolarisation bis zu einer Schwelle bewirken und Ionenkanäle öffnen. Kommt es zum Überschreiten dieser Feuerschwelle, führt das zu einem Aktionspotential und zum explosionsartigen Einströmen von Natriumionen in die Zelle. Daraufhin strömen Kaliumionen aus der Zelle und das Ruhepotential liegt wieder im gewohnten Bereich. Für das Auslösen des Aktionspotentials sorgen die Synapsen, indem sie Neurotransmitter, biochemische Botenstoffe, ausschütten. Rezeptoren nehmen die Neurotransmitter auf und verändern darauf ihre Funktion und Form – je nachdem, ob der Transmitter erregend, hemmend oder modulierend wirkt – und lösen einen elektrischen Effekt sowie die Weiterleitung der Aktionspotentiale aus. Die „protoplasmatischen Küsse", wie der spanische Gehirnforscher Ramón y Cajal bereits um 1900 die Arbeitsweise der Synapsen bezeichnete, ermöglichen also, dass Informationen im Gehirn transportiert werden. Aber die Synapsen können noch mehr: In den etwa 10 000 Verdickungen, die jede einzelne dieser Gehirnzellen besitzt, werden die Informationen gespeichert, die der Mensch in seinem Leben verarbeitet und für immer im Gedächtnis behält.

Das Gehirn des Menschen besteht aus etwa 10^{12} (1 Billion) Neuronen. Ein typisches Stück Kortex (Grosshirnrinde) von 1 mm^3 enthält 10^5 (100 000) Neurone. Jede Pyramidenzelle – also eine Zelle in Aktion – besitzt etwa 10 000 Synapsen auf ihren Dendritenbäumen, die Informationen aufnehmen, weitergeben und speichern.

Die wichtigsten Neurotransmitter

Glutamat

Wirkt als erregender Botenstoff. Es wird von den Synapsen ausgeschüttet und bindet sich an verschiedene Rezeptoren, die ein Aktionspotential der Neurone auslösen.

Aminobuttersäure

Wirkt als hemmender Botenstoff. Ähnliche Stoffe in Beruhigungsmitteln, Narkotika und Drogen haben deshalb entspannende, krampflösende bis halluzinogene Wirkungen.

Glycin

Ein ebenfalls hemmender Botenstoff, der die Aktivität von Neuronen und Motorneuronen und damit auch von Muskelsträngen herabsetzt.

Acetylcholin

Führt zur synaptischen Aktivierung, so dass zum Beispiel Muskeln gut und richtig arbeiten können. Mangel von Acetylcholin scheint eine Möglichkeit für die Leistungsschwächung des Gehirns von Alzheimer-Patienten zu sein.[125]

Dopamin

Gilt auch als „Glückshormon" und wird als Belohnung bei verschiedenen Aktivitäten wie Essen, Trinken oder Sex ausgeschüttet, allerdings auch bei Drogenmissbrauch. Spielt ebenfalls bei Bewegungsabläufen eine Rolle. So sind die dopaminergen Neurone bei Parkinson-Kranken zerstört.

Neuropeptide

Über 100 verschiedenen eiweißhaltige, vom Körper produzierte Transmitter, die oft als Kotransmitter mit den Transmittern ausgeschüttet werden und wirken. Dazu gehören die körpereigenen Opiate wie Endorphine, die Schmerzempfindungen herabsetzen und Wohlbefinden auslösen können.[126]

Was passiert im Kernspintomografen?

Bei der Magnetresonanztomografie wird ein Magnetfeld aufgebaut, welches Kernteilchen wie Wasserstoffatome zum Schwingen bringt. Die Wasserstoffteilchen, die durch elektromagnetische Wellen im Radiofrequenzbereich zum Schwingen gebracht werden, stellen die Gestalt und Morphologie des Gehirns dar. Welche Hirnbereiche aktiv sind, wird aus der Resonanz des oxigenierten Hämoglobins gelesen.

Plastizität und Neugierde

Zahlreiche GehirnwissenschaftlerInnen und Trainer sind sich einig: Das Gehirn verhält sich ähnlich einem Muskel und kann trainiert werden. Es besitzt die Fähigkeit, sich seiner Nutzung anzupassen. Soll effektiv gelernt werden, stellt sich nach einer Übungs- oder Lernstunde eine Erschöpfung ein. Aus dieser Erschöpfung heraus baut das Denkorgan Masse auf. [127] Aber um welche Masse handelt es sich? Um Neurone, Axone oder Synapsen?

Erwiesen ist, dass sich das Gehirn verändert, sobald es trainiert wird.[128] Es verhält sich also in vielerlei Hinsicht wie ein Muskel: Wird ein Muskel lange nicht benutzt, kann er auch nur schwer wieder fit werden.[129] Womit das Sprichwort „use it or lose it" also auch auf die Benutzung des Gehirns zutrifft.

Nun ist seit Längerem bekannt, dass sich das Gehirn in seinen Eigenschaften ändern kann.

Nervenzellen und auch Hirnareale verändern sich hinsichtlich ihrer Verwendung in ihren Eigenschaften, was als neuronale Plastizität bezeichnet wird. Im Hippocampus können sich sogar neue Nervenzellen bilden. In den anderen Hirnarealen scheint die Veränderung jedoch nur an den Synapsen vorzugehen, als so genannte synaptische Plastizität.[130] Demnach kann sich eine Synapse hinsichtlich Morphologie und Physiologie verändern und damit den Mechanismus und die Übertragung beeinflussen. Möglicherweise funktioniert die strukturelle Anpassung im restlichen Gehirn – also außerhalb der Neubildungsfähigkeit im Hippocampus – grundsätzlich auf der Ebene der Verknüpfung zwischen den Nervenzellen. Durch Training entwickeln sich zusätzliche Synapsen.[131] Das hieße also, dass das Gehirn durch entsprechende Beanspruchung bis ins hohe Alter leistungsfähig bleiben und sich neuroanatomisch und funktional erweitern kann.[132]

Neugierde und Motivation

Wie erfolgreich der Mensch denkt und lernt, hängt davon ab, welche Belohnung ihn erwartet. Sie ist der Schlüssel jeglicher Motivation. Dabei spielen intrinsische oder extrinsische Gründe (siehe Kapitel „Emotional fit") die entscheidende Rolle für die Motivation und die daraus resultierenden Handlungen. Was Sie sich aber dabei merken sollten, ist der Kniff, dass bei jeglicher Aktivität eine Belohnung auf Sie warten sollte. Zielloses Denken und Arbeiten können Sie gut mit ziellosem Lernen vergleichen: Es ist schlicht öde!

> **TIPP** Nutzen Sie für die Benutzung des Gehirns auch ein weiteres Prinzip der Evolution: die Neugierde. Sie treibt die Menschen dazu, etwas Neues anzufangen.

Zu dieser natürlichen Neugier gehört die Kreativität. Wenn Sie ihre natürliche Neugier nicht unterdrücken, können Sie bis ins hohe Alter ihre Kreativität nutzen.[133] Der beste Weg, Neugier und Kreativität zu erhalten, findet sich dort, wo Begeisterung und Gefühle für Vorgänge, Arbeiten und Dinge zugelassen werden. Denn nur mit Begeisterung und einem positiven Gefühl ist es möglich, dass das Gehirn sich nachhaltig vernetzt und Kreativität entfaltet.

Neue Wege gehen, Kreativität entfalten

Feste Vorstellungen können nützlich sein. Bewegen Sie sich jedoch nur auf diesen Wegen, bringt dies Ihre Kreativität zum Erliegen. Fahren Sie mit Scheuklappen stets nur auf eingefahrenen Wegen, hält sich die Aktivität Ihres Gehirns in Grenzen. Und mit einem „faulen" Gehirn finden sich keine neuen Lösungen. Erst wenn Sie diese Scheuklappen, also vorgefertigte Meinungen ablegen können, ist es Ihnen möglich, neue Wege zu denken. Dies ergaben Gehirnbilder aus dem Computertomographen.[134] Erst wenn Sie Gedanken „loslassen", kann Kreativität beginnen.

Die Plastizität des Gehirns funktioniert lebenslang. Die Vernetzungen passen sich den jeweiligen Ansprüchen an. Der größte Antrieb dabei ist die Begeisterung. Begeistern Sie sich für das Öffnen und Suchen nach neuen Wegen. Kultivieren Sie Ihre Neugier!

Geschlechtsspezifische Unterschiede

Männer- und Frauengehirne unterscheiden sich voneinander – so wie auch der gesamte Körper. Ein rein äußerlicher Unterschied liegt in der Gehirngröße. Das Gehirn eines durchschnittlichen Mannes wiegt etwa 100 g mehr als das einer Frau. Auch verschiedene Hirnareale sind unterschiedlich stark ausgeprägt.

Heute wissen wir, dass[135]

- der präfrontale Kortex, der unsere Entscheidungen betrifft, bei Frauen teilweise dicker ausgebildet ist als bei Männern.
- das Limbische System, das für die Verarbeitung von Gefühlen und das Lernen mit verantwortlich ist, bei Männern und Frauen unterschiedlich ausgeprägt ist.
- der Mandelkern, die so genannte Amygdala, der für die Entstehung von und Erinnerung an Gefühle zuständig ist, bei Männern stärker ausgebildet ist. Außerdem kommuniziert der Mandelkern bei Frauen stärker mit der linken, bei Männern stärker mit der rechten Gehirnhälfte.
- Männer etwa doppelt so schnell wie Frauen den Stoff Serotonin produzieren können, der Gefühle und Stimmungslagen steuert.
- der Hippocampus, der für Lernen und Erinnerungen zuständig ist, bei Frauen im Vergleich zum Gesamthirn größer ist. Einzelne Areale sind hier jedoch wiederum beim Mann verstärkt. Auch unterscheidet sich der anatomische Aufbau des Hippocampus bei den Geschlechtern.
- die Sprachareale bei Männern und Frauen zum Teil woanders angesiedelt sind.[136]

Woran die unterschiedliche Ausprägung liegt, ist noch nicht vollständig erforscht. Möglicherweise spielen Hormone eine Rolle, die nicht nur auf die Keimzellen, sondern auch auf das Nervensystem im Embryo wie auch während der gesamten Lebenszeit wirken und einen unterschiedlichen Aufbau erzeugen. Der Grund kann in den unterschiedlichen Geschlechtschromosomen mit den verschiedenen Mustern liegen, die die jeweiligen Hormone bilden lassen. Östrogene bei Frauen und Testosteron bei Männern verstärken dann das Wachstum bestimmter Hirnareale oder hemmen es.

Was aber können Frauen anders als Männer aufgrund der Hirnstruktur?

Wissenschaftler fanden heraus, dass

1. Männer ein besseres räumliches Vorstellungsvermögen besitzen. Auch in bestimmten motorischen Fähigkeiten, wie Werfen oder Auffangen von Gegenständen, scheinen sie Frauen überlegen zu sein.

2. Frauen schneller zusammenpassende Objekte erkennen können und eine höhere Wahrnehmungsgeschwindigkeit besitzen. Außerdem verfügen sie über eine höhere verbale Gewandtheit und können schneller bestimmte Wörter finden.

3. jedoch keine signifikanten Unterschiede bei Wortschatztests oder verbalen Schlussfolgerungen wie gedanklicher Beweglichkeit zu finden sind.

Der genetische Unterschied

Wie aber wirkt sich das Gehirn auf das Verhalten eines Menschen aus? Und wie auf das geschlechtsspezifische Verhalten? Ist das geschlechtsdimorphe Gehirn auf das geschlechtstypische Verhalten abzuleiten?

Sicher ist, dass es Geschlechtsunterschiede in den Genen, im Verhalten und in der Neuroanatomie gibt. Aber sind es diejenigen, über die in öffentlichen und privaten Zirkeln mit großer Leidenschaft und reichlich Sendungsbewusstsein diskutiert werden?

Genetisch betrachtet besitzen Frauen eine komplexere genetische Struktur als Männer, was an der Verteilung von X- und Y-Chromosomen liegt. Während weibliche Embryonen auf einen reichen Fundus an Genen auf den X-Chromosomen zurückgreifen können, sind männliche Föten existenziell auf das eine X-Chromosom angewiesen, das sie von der Mutter erhalten haben. Auf dem X-Chromosom sind etwa 1500 Gene enthalten, die für die Embryonalentwicklung zuständig sind. Auf dem Y-Chromosom liegen nur knapp 100 Gene, darunter auch das Gen SRY, das entscheidet, dass ein Junge geboren wird. In den letzten Millionen Jahren reduzierten sich die Gene auf dem Y-Chromosom stetig – und der Verfall scheint weder erklärbar noch aufzuhören.

Auf dem X-Chromosom finden sich außerdem erstaunlich viele Gene, die für den Aufbau des Gehirns verantwortlich sind, darunter auch diejenigen, die Sprachfähigkeit, Sozialverhalten und bestimmte Formen von Intelligenz aufbauen.

Diese unterschiedliche Verteilung der genetischen Struktur scheint erstmals eine plausible Erklärung für mögliche Geschlechtsunterschiede zu beschreiben.[137]

Fazit

Es gibt zwar einen Unterschied im Aufbau der Gehirne zwischen Männern und Frauen, ebenso wie in bestimmten kognitiven Fähigkeiten – jedoch ist die Varianz der Fähigkeiten und Kompetenzen und damit auch die Auswirkung auf Intelligenz innerhalb der Geschlechter höher als zwischen ihnen. Wichtig ist der Zusammenhang zwischen biologischen und psychischen Prozessen sowie kulturellen und soziologischen Faktoren, die maßgeblich die Handlungen sowie das Können und Wollen eines Menschen beeinflussen.

3.3.2 Intelligenz und Wissen

Wenn wir uns mit den kognitiven Fähigkeiten von Menschen beschäftigen, müssen wir zwischen Intelligenz und Wissen unterscheiden.

Was ist Intelligenz?

Ein intelligenter Mensch zeichnet sich durch einige Kompetenzen aus. In der Regel besitzt er ein gewisses Denkvermögen, eine schnelle Auffassungs- und Abstraktionsgabe. Er kann also rational und logisch denken und ebenso urteilen.

Intelligenz wird von zahlreichen Faktoren beeinflusst. Wir wissen heute, dass die Vererbung und die Umwelt mit dem kulturellen und sozialen Hintergrund einen erheblichen Anteil an der Ausbildung von Intelligenz hat – jedenfalls auf die Maßgrößen, in denen Intelligenz in der Regel gemessen wird. Zahlreiche Persönlichkeitsdimensionen können jedoch mit einem Intelligenztest nicht erfasst werden, seien dies Kreativität, die interpersonellen Kompetenzen oder auch die Befähigung für eine Sache. Alle diese Dinge scheinen genauso wichtig, wenn nicht sogar noch bedeutsamer als herkömmliche Intelligenz zu sein, wenn ein Mensch Höchstleistungen vollbringen möchte.

Sicher ist, dass sich Intelligenz in der Auseinandersetzung mit der Umwelt heraus formt.

Etwa 50 Prozent der Intelligenz ist nach den neuesten Erkenntnissen angeboren. Empirische Untersuchungen ergaben, dass der Einfluss der Gene mit zunehmendem Alter zunimmt. Während Kleinkinder zu 20 Prozent von ihren Genen beeinflusst sind, erhöht sich der Wert bei jungen Erwachsenen auf 40 Prozent und steigt bei älteren Menschen auf 60 bis 80 Prozent an.[138]

Dabei ist nicht die Intelligenz selbst im Erbgut kodiert. Vielmehr sind dort Aspekte wie Motivation und Freude angelegt, die beide Voraussetzung dafür sind, sich mit etwas ernsthaft und erfolgreich auseinanderzusetzen.[139] Freude und Motivation scheinen der wichtigste Motor dafür sein, dass eine Sache oder ein Erlernen gelingt. Wie sich die Veranlagungen dann entwickeln, beeinflusst zu einem großen Teil außerdem das Umfeld, in dem ein Mensch aufwächst.

Die größte Varianz in der Intelligenzverteilung wies in den bisherigen Untersuchungen übrigens das männliche Geschlecht auf: Männer besaßen einen höheren Anteil an extrem hoher und extrem niedriger Intelligenz. Ansonsten verfügen beide Geschlechter im Durchschnitt über die gleiche mathematische Intelligenz. Ein Unterschied zwischen der räumlichen Begabung bei Männern und der sprachlichen bei Frauen ist entsprechenden Tests geschuldet, die auf ein solches Ergebnis hinzielen. Die Geschlechter variieren tatsächlich in einigen kognitiven Fähigkeiten, jedoch nicht in der Gesamtintelligenz. Die Variation innerhalb des Geschlechts ist außerdem größer als der Unterschied zwischen den Geschlechtern.[140] Sicher ist also nur, dass sich die geschlechtsspezifischen Hormone auf die Gehirnfunktionen auswirken, jedoch nicht auf die Intelligenz.

Intelligenztests

Um die Intelligenz messbar zu machen, wurde lange nach einem Test gesucht, der die kognitiven Fähigkeiten in Bezug auf einen Normalwert aufzeichnet. Im Jahre 1904 entwickelten Forscher in Frankreich den ersten Intelligenztest, der die Denkleistungen bei Kindern bewertete. Bis heute folgten zahlreiche verschiedene Tests, die sich darauf beziehen, dass sie einzelne Eigenschaften und Fähigkeiten bewerten. Bei Kindern und Jugendlichen werden diese in das Verhältnis zum Alter gesetzt. Allen Tests ist gemein, dass sie sich auf den Normalwert von 100 beziehen. Jedoch befassen sich die traditionellen Intelligenztests weiterhin mit dem Abfragen bestimmter kognitiver Fähigkeiten, die auch gelernt werden können. Intelligenz als Ganzes ist damit also nicht messbar.

Seit einigen Jahren untersuchen Forscherinnen und Forscher, ob sich die Intelligenz eines Menschen aus mehreren Intelligenzen zusammensetzt. Robert Sternberg entwickelte 1985 die Theorie, dass Intelligenz aus drei Aspekten besteht: einer praktischen, einer analytischen und einer kreativen, erfahrungsbezogenen Intelligenz.

1983, zwei Jahre vorher, sprach Howard Gardner von der Theorie der multiplen Intelligenzen, die einzeln unabhängig voneinander auftreten, sich aber gegenseitig ergänzen und als System die Intelligenz des Menschen darstellen.

Multiple Intelligenzen

Howard Gardner gliedert die Intelligenzen, die außerhalb des herkömmlichen IQ-Tests liegen, in acht Intelligenzen mit verschiedenen Kernkompetenzen. Er unterschied folgende Intelligenztypen:[141]

- logisch-mathematisch:
- linguistisch
- naturalistisch
- musikalisch
- räumlich
- kinästhetisch
- interpersonal
- intrapersonal

Checkliste: Kennen Sie Ihren Intelligenztyp?[142]

Beantworten Sie die Fragen nach den 5 Kategorien:

1 trifft zu
2 trifft eher zu
3 weder noch
4 trifft eher nicht zu
5 trifft nicht zu

	1	2	3	4	5
logisch-mathematisch					
Haben Sie ein Gespür für logische und numerische Muster?					
Haben Sie die Fähigkeit, logische und numerische Muster zu unterscheiden?					
Besitzen Sie die Fähigkeit, mit langen Ketten von Schlussfolgerungen umzugehen?					
linguistisch					
Haben Sie ein Gespür für Laute und die Bedeutung von Wörtern?					

3 Mentale Fitness

	1	2	3	4	5

Besitzen Sie ein Gespür für die unterschiedlichen Funktionen von Sprache?

naturalistisch

Besitzen Sie ein Gespür für die Unterschiede zwischen den verschiedenen Spezies?

Besitzen Sie eine besondere Fähigkeit im Umgang mit Lebewesen?

musikalisch

Fällt es Ihnen leicht, ein Instrument zu lernen?

Besitzen Sie eine Begabung zum Musizieren, Komponieren und haben Sie einen Sinn für die musikalischen Prinzipien?

räumlich

Nehmen Sie akkurat wahr, wie Ihre Umwelt visuell-räumlich erscheint?

Können Sie Wahrnehmungen in visuell-räumliche Darstellungen transformieren?

kinästhetisch

Besitzen Sie die Fähigkeit, die Bewegungen Ihres Körpers besonders zu kontrollieren?

Können Sie geschickt mit Objekten umgehen?

interpersonal

Besitzen Sie die Fähigkeit, die Stimmungen, Charaktereigenschaften, Motive und Sehnsüchte anderer Menschen zu erkennen?

Besitzen Sie die Fähigkeit, auf diese Stimmungen, Charaktereigenschaften, Motive und Sehnsüchte anderer Menschen angemessen zu reagieren?

intrapersonal

Haben Sie einen guten Zugang zu Ihren eigenen Gefühlen?

Besitzen Sie die Fähigkeit, Ihre Gefühle zu unterscheiden und zur Verhaltenssteuerung einzusetzen?

Kennen Sie Ihre eigenen Stärken, Schwächen, Sehnsüchte und Intelligenzen?

Was ist Emotionale Intelligenz?

Die Gesamtintelligenz wird auch in emotionale, ästhetische und praktische Intelligenz aufgespalten. Vor allem die emotionale Intelligenz löste seit ihrer Benennung durch die amerikanischen Wissenschaftler John D. Mayer und Peter Salovey im Jahre 1990 und die populärwissenschaftliche Veröffentlichung durch Daniel Goleman 1995 eine ziemliche Aufregung aus. Die emotionale Intelligenz spiegelt die Kompetenzen der inter- und intrapersonalen Intelligenzen wider, die Howard Gardner beschrieb. Sie entspricht der Fähigkeit, eigene und fremde Gefühle korrekt wahrzunehmen, zu verstehen und auch beeinflussen zu können.

Im Prinzip stellen die Verfechter dieser Theorie eine zentrale Frage: Welche der Intelligenzen ist wichtig für Erfolg? Standen nämlich bisher die rein akademischen, also mathematischen und verbalen Fähigkeiten im Mittelpunkt der klassischen Intelligenzmessung, geht es hier um eine Fähigkeit, die den Menschen im sozialen und beruflichen Leben bestehen und erfolgreich sein lässt.

Die Emotionale Intelligenz umfasst nach Mayer und Salovey vier Komponenten:

- die Wahrnehmung von Emotionen (Wahrnehmen, Einschätzen und Ausdrücken)
- die Nutzung von Emotionen (zur Unterstützung von Denkvorgängen)
- das Verstehen von Emotionen (Verstehen, Analysieren und effektives Einsetzen von emotionalem Wissen)
- die Beeinflussung von Emotionen (eigene Emotionen regulieren, um emotionales und intellektuelles Wachstum zu fördern)

Zahlreiche Wissenschaftler sehen die Emotionale Intelligenz und Empathie als zentrale Voraussetzung dafür an, im Leben Erfolg zu haben. Bereits Daniel Goleman beschrieb in seinem bekannten Werk über die Emotionale Intelligenz den Aspekt als ausschlaggebend, nach dem ein Mensch seine Emotionen dahingehend beeinflussen kann, dass diese bei der Erreichung von Zielen helfen, sei dies, indem sie die Selbstmotivation erhöhen oder kurzfristige Befriedigungen und impulsive Reaktionen unterdrücken und damit ein längerfristiges Ziel anstreben.[143]

In der Wissenschaft wird „Emotionale Intelligenz" mit den Begriffen „Emotion Regulation" und „Self-Regulation" diskutiert. Denn die Emotionale Intelligenz konnte noch nicht wie der IQ als EQ mit entsprechenden Tests validiert werden. Bisher entwickelte Fragebögen befassen sich mit den Dimensionen der Emotionalen Intelligenz und beschreiben und erfragen emotionale Kompetenzen, die das soziale und berufliche Leben entscheidend beeinflussen. Studien ergaben, dass Menschen, die eigene und fremde Gefühle gut steuern können, im beruflichen wie privaten Leben erfolgreicher sind!

Empathie

Sie ist die Grundlage aller Menschenkenntnis und jeglicher Beziehungen! Sie beschreibt die Fähigkeit, zu erkennen, was Andere fühlen oder wollen. Studien ergaben, dass Menschen, die eigene und fremde Gefühle steuern können, beruflich und privat erfolgreicher sind!

Schulen Sie Ihre emotionale Kompetenz. Dabei hilft Ihnen die folgende Checkliste. Sie enthält Fragen, die von einem Test, dem sogenannten MSCEIT (Mayer-Salovey-Caruso Emotional Intelligence Test, 2002), abgeleitet sind:

- Können Sie Emotionen in Gesichtern lesen?
- Können Sie Emotionen in Landschaften und Designs identifizieren?
- Können Sie emotionale Empfindungen mit anderen sensorischen oder taktilen Stimuli vergleichen?
- Können Sie Emotionen identifizieren, die bestimmte Denkaufgaben bestmöglich unterstützen?
- Wissen Sie, unter welchen Umständen Ihre emotionalen Zustände wechseln?
- Wissen Sie, wie bei Ihnen ein emotionaler Zustand in einen anderen übergeht?
- Können Sie mehrere Emotionen in komplexen affektiven Zuständen identifizieren?
- Können Sie Maßnahmen zur Veränderung des eigenen emotionalen Zustandes vorschlagen?
- Können Sie Maßnahmen vorschlagen, die den emotionalen Zustand anderer Personen zur Zielerreichung beeinflussen?

Fluide und kristalline Intelligenz

Der US-amerikanische Psychologe Raymond Cattell sprach 1963 als erster von einer fluiden (oder flüssigen) und einer kristallinen (oder kristallisierten) Intelligenz. Das Modell griffen Wissenschaftler wie

Bourne, Ekstrand, Zimbardo und Gerrig auf und beschrieben die beiden Intelligenzen folgendermaßen:

- Die *fluide* Intelligenz ist eine genetisch bedingte Grundfähigkeit des Denkens. Sie wird auch als allgemeine Intelligenz bezeichnet und spiegelt die kognitive Leistungsfähigkeit wider, sich Problemen und Situationen anzupassen und diese in Angriff zu nehmen. Die fluide Intelligenz ist kulturübergreifend und kann mit Tests des Wortschatzes oder des Allgemeinwissens gemessen werden.

- Die *kristalline* Intelligenz besteht aus kognitiven Fähigkeiten, die sich durch erlerntes Wissen kristallisiert und verfestigt haben. Die kristalline Intelligenz ist kulturbedingt und kulturspezifisch geprägt und beschreibt auch Begabung, Talente und Geschick. Sie kann mit Tests gemessen werden, die logische Schlussfolgerungen erfordern und deren Lösung aus der Aufgabenstellung heraus zu erschließen ist.

Beide Intelligenzen sind eng verbunden und bedingen einander, wobei die eine nicht ohne die andere auskommen kann. Nur wer eine hohe fluide Intelligenz besitzt, kann durch Lernangebote und Lernerfahrungen eine ebenso hohe kristalline Intelligenz entwickeln.

Wie kann Intelligenz erhöht werden?

Mittlerweile gibt es verschiedene Stoffe, die vor allem die Leistung des Arbeitsgedächtnisses erhöhen, wie Methylphenidat oder Modafinil, besonders bei geringerer Leistungsfähigkeit. Allerdings ist der Griff nach Medikamenten aus ethischen und moralischen Gründen bei einem gesunden Menschen zu überdenken. Um stärkere Leistungen des Gehirns zu erreichen, helfen vor allem gesunde Ernährung, Bewegung an sauerstoffreicher Luft, ausreichende Ruhezeiten und sehr, sehr viel Neugier! Der größte Antrieb für eine Steigerung der Gehirnverschaltungen und der Erhöhung der Intelligenz ist die Begeisterung für eine Sache.

TIPP   DER MENSCH KANN SICH VIELES ANTRAINIEREN UND LERNEN. GRUNDSÄTZLICH BEVORZUGEN WIR ABER DIE DINGE UND BESCHÄFTIGUNGEN, IN DENEN WIR GUT SIND. VERSUCHEN WIR DENNOCH AUF EINEM GEBIET, DAS UNS NICHT LIEGT UND AUCH WENIG SPASS MACHT, AUSSERGEWÖHNLICHE LEISTUNGEN ZU VOLLBRINGEN, SO WIRD DIES NICHT UNBEDINGT ZU EINEM ERWÜNSCHTEN ERGEBNIS FÜHREN.

So erhöhen Sie Ihre Intelligenz und kognitiven Leistungen

TIPP   Bewegen Sie sich! Treiben Sie regelmässig Sport zum Stressab- und Intelligenzaufbau!

In Laborversuchen hat sich herausgestellt, dass regelmäßiges Training – also Bewegung – die Problemlösungsfähigkeit, das Gedächtnis und die fluide Intelligenz verbessern.[144]

TIPP   Ernähren Sie sich gesund und Intelligenz verbessernd!

Tierversuche am MIT (Massachusetts Institute of Technology) ergaben, dass bestimmte Stoffe in Nahrungsmitteln die Synapsenbildung anregen und die Leistungsfähigkeit des Gehirns erhöhen. Verantwortlich waren drei Substanzen: Cholin, das in Eiern vorkommt, Docosahexanonsäure aus Fischöl und Uridinmonophosphat, das in Mangold, Rüben, Roter Bete und anderem Gemüse der Gattung Beta enthalten ist.

TIPP   Lernen Sie mit Begeisterung! Um „richtig" zu lernen, sollten Sie dies mit Begeisterung (also mit Gefühl) und gewisser Regelmässigkeit und Wiederholung tun. Nur damit ist gesichert, dass Sie das Erlernte, Gelesene, Gehörte nicht sofort wieder vergessen.

Was ist Wissen?

„Ich weiß, dass ich nichts weiß", schrieb Platon als geflügeltes Wort dem Philosophen Sokrates zu. Je mehr man weiß, desto deutlicher wird, dass man noch zu wenig weiß. Die Wissenschaft kommt deshalb erst einmal mit einem Prinzip und ordnet das Wissen in verschiedene Kategorien ein. Sie unterscheidet zunächst explizites und implizites Wissen.

Der Neurowissenschaftler Ernst Pöppel erklärt das explizite Wissen als ein enzyklopädisches und katalogisierbares Wissen, das durch Lernen erworben wurde und kaum „Ich-Nähe", also individuelle Nähe, besitzt. Vor allem auch deshalb, weil es ohne Probleme mit Anderen geteilt werden kann. Im Gegensatz dazu ist das implizite Wissen schwer kommunizierbar, weil es personenbezogen und individuell ist, also eine große „Ich-Nähe" besitzt. Als Herausforderung im betrieblichen Knowledge Management gilt es deshalb auch, implizites in explizites Wissen umzuwandeln.

Wissen, vor allem explizites Wissen, ist erlernbar.

Intuitives Wissen

Ebenfalls zum impliziten Wissen gehört das intuitive Wissen. Es stellt Beziehungen zwischen den in unserem Gehirn gespeicherten Informationen her, ohne dass uns dies bewusst wird.

Künstler besitzen ein implizites, nicht beschreibbares Wissen darüber, was künstlerische Qualität ist und was sie ausdrücken möchten. Selten können sie dies komplett erklären oder beschreiben. Wohingegen Kunsttheoretiker und Wissenschaftler sich auf eine geisteswissenschaftliche und explizite Art mit den Werken der Künstler beschäftigen.

Und daraus entsteht dann manchmal ein Disput voller Missverständnisse, Spannungen und ebenso ungeahnter (neuer) Erkenntnisse.[145]

Das Gehirn sucht Informationen

Das Bewusstsein ist unentwegt versucht, Informationen aufzunehmen. Alle drei Sekunden sucht das Gehirn die Umwelt mit den Sinnen ab und überprüft, ob sich etwas verändert hat. Dieses überlebensnotwendige Prinzip ist auch die Erklärung dafür, warum wir uns über einen längeren Zeitraum nur schwer konzentrieren können und beispielsweise in einem Café ständig mit den Augen und Ohren im Raum umher schweifen müssen. Das Gehirn entwickelte diesen Mechanismus, um nicht plötzlich von einer Flut an neuen Informationen überrollt zu werden. Das Bewusstsein, das also rhythmisch den Anschluss an die Welt sucht, steht uns quasi selbst im Wege, frei und unabhängig leben zu können.

Um nicht ständig zu reflektieren und auch eine Gelassenheit gegenüber der Informationsflut zu erreichen, sollten Sie deshalb „Ich"- wie körpernahe Erlebnisse schaffen, wie der Neurowissenschaftler Pöppel rät:[146]

- Intensive Gespräche führen
- Starke Gefühle zulassen, die man mit anderen teilt
- Gemeinsam singen und marschieren/spazieren/wandern
- Klatschen und schreien auf einem Popkonzert
- Künstlerische Tätigkeiten ausüben
- In einen Flow gelangen
- Kreativ und gemeinsam kochen

- Gemeinsam mit anderen Menschen speisen
- Intensiv genießen – den Augenblick und sinnliche Erlebnisse
- Unreflektierte Freude an Dingen und Ereignissen ausleben
- Einen Garten gestalten
- Sexualität und Nähe genießen

3.3.3 Lernen und Gedächtnis

Lernen

Lernen kann man erlernen. Und lernen bis ins hohe Alter hinein kann man ebenfalls. Was man aber nicht kann, ist mittels besonderer Techniken, die in die Informationsabläufe eingreifen, „hirngerecht" lernen, denn das ist aus neurowissenschaftlicher Sicht ein Mythos. Das Gehirn kann über sein Funktionieren nämlich nicht selbst bestimmen und damit auch nicht beeinflussen, wie es Daten möglicherweise noch „besser" verarbeitet.[147]

Strukturelle Veränderungen im Gehirn

Wird viel gelernt, so verändert sich das Gehirn. Untersuchungen an Taxifahrern in London zeigten, dass sich der Hippocampus vergrößert, wenn sich enorme Mengen an räumlichen Daten gemerkt werden müssen.

Andere Untersuchungen an jonglierenden Studenten ergaben, dass sich das Gehirn anatomisch veränderte, wenn sie größere Einheiten lernten und trainierten. Und bei Studierenden, die sich für eine Zwischenprüfung reichlich Faktenwissen zulegen mussten, vergrößerten sich die betreffenden Areale im Hippocampus.[148]

Lernen und Bewegung

Neuere Studien ergaben, dass Menschen, die sich bewegen, effektiver lernen. Durch die Bewegung werden die Blutgefäße angeregt und Sauerstoff ins Gehirn transportiert. Die Ausbildung von Blutgefäßen ist einer der Mechanismen, die in einigen plastischen (also zum Wachstum fähigen) Hirnregionen dafür sorgen, dass sich die Areale vergrößern und das Gehirn wächst.

Bewegung, so haben Laboruntersuchungen bestätigt, verbessert Problemfähigkeit, fluide Intelligenz und das Gedächtnis.[149]

Sport regt auch die Bildung des Neurotrophins BDNF (Brain-derived Neurotrophic Factor) an, das die Entwicklung gesunden Gewebes und das Wachstum von Neuronen fördert.[150]

TIPP SORGEN SIE VOR KOMPLIZIERTEN DENK-, LERN- UND ENTSCHEIDUNGS-EINHEITEN DAFÜR, DASS SIE RAUM UND ZEIT FÜR EINEN KURZEN SPAZIER-GANG AN DER LUFT ERHALTEN!

Neues lernen und Altes aktivieren

Nun ist auch wissenschaftlich und experimentell bewiesen, was wir schon aus dem Alltagsleben kannten: Beim ersten Lernen finden in einer Nervenzelle strukturelle Veränderungen statt. Es entstehen neue dendritische Dornen, kleine Fortsätze an den Dendriten der Nervenzellen. An diesen Dornen (Spines) sitzen die synaptischen Endigungen, die Informationen aufnehmen und auch speichern. Werden die Gedächtnisinhalte, die dort gespeichert sind, wie etwa eine Fremdsprache, nicht mehr benötigt oder genutzt, bilden sich die Dornen nicht zurück. Die Synapsen werden in ihrer Wirkung lediglich abgeschwächt. Kommt es Jahre später zum Wiederlernen, müssen keine erneuten strukturellen Veränderungen stattfinden, sondern nur die bereits Bestehenden aktiviert und verknüpft werden. Dadurch fällt das „Wiedererlernen" von etwas bereits Gelerntem leichter.[151]

Wie kann effektiv gelernt werden?

Stumpfes Auswendiglernen hält nicht lange vor. Nach kurzer Zeit scheint unser Gehirn die Information einfach gelöscht zu haben.

Haben wir etwas innerhalb eines Zusammenhanges „gelernt" und verstanden, so scheint dies nachhaltiger im Gehirn verankert worden zu sein. Ebenso, wenn wir für einen Zweck, also mit dem Blick auf ein Ziel lernen und uns wohl fühlen, wenn wir es gelernt und verstanden haben.

Was also geschieht beim Lernen im Gehirn?

Im Zusammenhang lernen – assoziatives Lernen

Beim assoziativen Lernen werden Neurone, die für zusammengehörende Inhalte stehen, zu Ensembles verknüpft. Die synaptischen Verbindungen verstärken sich, je länger die Ensembles synchron schwingen. Beim nächsten Abrufen erhöht sich die Wahrscheinlichkeit, dass diese wieder miteinander synchron schwingen.[152]

Das assoziative Gehirn, bei dem gleichgeschaltete Hirnareale in synchrone Schwingungen versetzt werden, ermöglicht also ein nachhaltigeres Lernen.

Die Hebb'sche Regel

Nach der Hebbschen Regel, die der Kanadier Donald O. Hebb bereits 1949 andachte, heißt es, dass Zellen, die häufig zusammen aktiv sind, so genannte Zellenensembles bilden. Durch wiederholte und dauerhafte Aktivierung einer Nervenzelle durch eine andere verändern sich beide. Lernen wir also, dass die Rose duftet, dann lernen wir assoziativ. Am Ende wissen wir, wenn wir die Rose nur riechen und nicht sehen, dass es sich um eine Rose handelt. Der Geruch hat die gesamte Empfindung ausgelöst, die eine Rose betrifft. Das gleiche Prinzip ist für alle Erfahrungen anwendbar, die assoziativ miteinander verknüpft sind – seien dies Erlebnisse, Menschen oder erlerntes wie auch erfahrenes Wissen.

Das Belohnungssystem im Gehirn nutzen – zielgerichtetes Lernen

Es sollte grundsätzlich für einen Zweck gelernt werden. Das zielgerichtete Lernen führt – vor allem bei Erreichen der gesteckten Leistung – zu einer vermehrten Produktion der chemischen Botenstoffe (Neurotransmitter) Dopamin und BDNF vornehmlich in den Arealen, die etwas mit dem Gefühl der Belohnung und der Befriedigung zu tun haben.[153]

Modern gewordenes künstliches „Neuro-Enhancement" mittels Medikamenten setzt hier an und wirkt auf den Botenstoffwechsel des Gehirns.

Belohnungssystem

Unser Gehirn ist ständig damit beschäftigt, Informationen zu verarbeiten und Lösungen zu suchen. Dabei muss es Rechenprozesse von Ergebnissen trennen, denn erst wenn eine Lösung gefunden wurde, kann sich das System weiter verändern – es darf weiter gelernt werden.[154] Und sobald eine Lösung gefunden wird, gibt es ein Signal an das Belohnungssystem und wir sind für einen Moment glücklich!

Lernen in Lerneinheiten

In seinen experimentellen Untersuchungen über das menschliche Gehirn erkannte der Hirnforscher Hermann Ebbinghaus, dass das Lernen leichter fällt, wenn das zu Lernende auf mehrere Lerneinheiten verteilt und wiederholt wird. Dies konnte nun auch molekularbiologisch bewiesen werden: Chemische Stoffe im Gehirn suchen aus, welche der millionenfach einströmenden Informationen behalten und welche verworfen werden sollen. Es gibt Moleküle, die den Speicherprozess unterstützen und welche, die den Prozess verhindern. Durch vielfaches Wiederholen verschiebt sich die Balance zwischen den Molekülen zugunsten der Förderung.[155]

TIPPS   **ERSTENS** LERNEN SIE GRUNDSÄTZLICH ZIELGERICHTET, ALSO FÜR EINEN ZWECK. STUMPFES AUSWENDIGLERNEN HÄLT NICHT LANGE VOR. BELADEN SIE DAS GELERNTE MIT EMOTIONEN UND VERKNÜPFEN SIE ES MIT BEKANNTEN INHALTEN – DANN WIRD IHNEN DAS LERNEN LEICHTER FALLEN!

ZWEITENS MÜSSEN SIE ETWAS AUSWENDIG LERNEN (ZUM BEISPIEL FÜR EINEN LÄNGEREN VORTRAG), DANN UNTERTEILEN SIE DIES IN KLEINERE LERNEINHEITEN UND WIEDERHOLEN SIE DIESE. SOBALD SIE SICH DIESE GEMERKT HABEN, GEHEN SIE ZUR NÄCHSTEN LERNEINHEIT!

DRITTENS PAUSEN SIND WICHTIG, DA SICH DAS GELERNTE EINPRÄGEN MUSS. UNTERTEILEN SIE DEN STOFF IN KLEINE LERNEINHEITEN UND PAUSIEREN SIE MEHR ALS 10 MINUTEN ZWISCHEN DEN LERNBLÖCKEN.

VIERTENS LIEBER EINEN MONAT TÄGLICH 10 MINUTEN LERNEN ALS EINMAL IM MONAT EINIGE STUNDEN. SIE WERDEN DAS ERGEBNIS SPÜREN!

Gedächtnis

Entscheidend darüber, ob und wie wir uns etwas merken, sind neben dem Arbeits- (beinhaltet das Kurzzeitgedächtnis) und Langzeitgedächtnis zahlreiche Areale und Gedächtnisarten, die nach ihrer Funktion unterteilt werden.

Die Psychologie unterscheidet zwischen einem *impliziten* und einem *expliziten* Gebrauch des Gedächtnisses: Strengen wir uns bewusst an, um uns an etwas zu erinnern, dann gebrauchen wir das Gedächtnis explizit. Sind Informationen ohne bewusste Anstrengungen verfügbar, dann geschieht dies implizit.[156]

Informationen werden gesammelt, kodiert und in verschiedenen Arealen wie dem deklarativen und dem prozeduralen Gedächtnis abgelegt.

Das *deklarative* Gedächtnis (durch *explizites* Lernen erworben) wird in episodisches und semantisches Gedächtnis unterschieden:

- Das *episodische* Gedächtnis umfasst das gesamte biografische Erleben (verweilt im Hippocampus für ein bis drei Monate und wird dann in anderen Arealen abgespeichert).

- Das *semantische* Gedächtnis umfasst das gesamte, im Laufe des Lebens angesammelte Wissen, auch als Weltwissen – von Geschichtsfakten bis zu Kochrezepten – bekannt (abgespeichert im Hippocampus und anderen Arealen).

Das *prozedurale Gedächtnis* (durch implizites Lernen erworben) speichert erlernte Fähigkeiten und Fertigkeiten in verschiedenen Arealen, die zum Teil automatisch ausgeführt werden. Die Sprachfähigkeit ist in der linken Gehirnhälfte lokalisiert.

Wie funktioniert also das Lernen

Wenn wir lernen, passiert der Lernstoff zunächst ein sensorisches Register und wird dann im Arbeitsgedächtnis (ein Teil des Kurzzeitgedächtnisses) zwischengespeichert. Die Kapazität des Arbeitsgedächtnisses ist allerdings im Gegensatz zur Speichermöglichkeit des Langzeitgedächtnisses, welches nahezu unendlich groß zu sein scheint, extrem gering.

Trifft eine Information ein, muss das sensorische Register innerhalb kürzester Zeit entscheiden, ob die Information weitergeleitet oder verworfen werden soll. Landet die Information im Arbeitsgedächtnis, welches nur über die geringe Kapazität von etwa höchstens einer Minute und sieben Sinneseinheiten, also beispielsweise sieben Objekten verfügt, muss sich schnell für oder gegen die Weiterleitung entschieden werden. Denn sobald mehr als sieben Eindrücke auf unser Arbeitsgedächtnis treffen, sind die ersten Informationen bereits wieder gelöscht.

Die Informationen werden in inhaltlich miteinander verbundenen Bündeln (Chunks) gespeichert, in einem semantischen Konzept, inhaltlich abgespeckt, also verändert, und nur die Kernbotschaft wird übermittelt. Informationen, die in das Langzeitgedächtnis wandern, sind niemals die gleichen, die anfangs auf das sensorische Register trafen.

Viele dieser Informationen bleiben für einige Wochen abrufbar und befinden sich in einer Art Zwischenspeicher. Bis sie schließlich ins Langzeitgedächtnis übergegangen sind, unterliegen sie weiteren Wandlungen. Das eigentliche Einspeichern beginnt also erst, wenn das aktive Lernen beendet zu sein scheint.

Nur wenige Informationen werden in der Hirnstruktur dauerhaft gespeichert und sind ein ganzes Leben lang präsent. Der Erfolg der Speicherung hängt auch davon ab, welches Basiskonzept zugrunde liegt. Je ausführlicher dies die Information erläutert, desto besser kann sie aus ihrer abstrahierten Speicherung abgerufen werden.

TIPPS **ERSTENS** Da wir ein kurzes phänologisches (für Sprache) und visuelles (für alles nichtsprachliche) Gedächtnis besitzen, geht das Lernen am besten, wenn die Informationen kombiniert präsentiert werden: grafisch und sprachlich, wobei das Sprachliche nicht nur visuell wiederholt, sondern illustriert werden sollte. Und in kleinen Einheiten mit nicht mehr als sieben Sinneseindrücken.

ZWEITENS Da begründete Informationen leichter abgerufen werden können, sollte immer eine Begründung oder Erläuterung dem Lernstoff zugrunde liegen. Vermutlich wird im Gehirn ein Abrufpfad angelegt, der direkt zur Information führt.

DRITTENS Da die eigentliche Abspeicherung erst nach dem aktiven Lernen beginnt, ist es ratsam, nach dem Lernen zu pausieren und keine neuen Sinneseindrücke zu sammeln. Gut ist hier auch: automatische Arbeiten verrichten – sei dies im Haushalt oder Arbeitsalltag.

VIERTENS Die Abrufleistung von Gelerntem ist auch vom räumlichen Kontext abhängig. Hier werden unbewusst Assoziationen mitverarbeitet. Untersuchungen ergaben, dass die Abrufleistung weit höher ist in den Räumen, in denen auch gelernt wurde. In fremder Umgebung sank die Abrufleistung um 40 Prozent. Gelernt werden sollte also grundsätzlich in anwendungsnahen Situationen oder Räumen. Falls Sie die Möglichkeit haben, dann gehen Sie zum Beispiel eine Rede in dem tatsächlich dafür vorgesehenen Raum noch einmal durch oder üben Sie an einem ähnlichen Pult.

FÜNFTENS Da Pausieren nach dem Lernen beim Einspeichern hilft, macht die Wiederholung am Abend Sinn. Nehmen Sie sich drei bis vier kurze Gedächtnisblöcke vor und wiederholen Sie diese vor dem Einschlafen.

Vergessen ist wichtig!

Unser Gehirn „vergisst" die meisten der erhaltenen Informationen. Und das ist auch gut so. Denn der Organismus braucht keineswegs die Fülle an Daten und Fakten. Unser Gehirn ist darauf ausgerichtet, nur überlebensrelevante und emotional besetzte Informationen abzuspeichern.

Vergessen ist also wichtig. Wenn Sie jedoch das Gefühl haben, mehr zu vergessen als Sie möchten, und unter einem Gedächtnisverlust leiden, können folgende Ursachen dafür verantwortlich sein:

- Zu starker Stress vermindert die Gedächtnisleistungen.
- Ungenutzte Verzweigungen bilden sich im Alter zurück.
  Die Durchblutung des Gehirns kann auch abnehmen.

- Drogen, Medikamente und Alkohol vermindern die Gehirnleistung und können irreparable Schäden an der Substanz verursachen.
- Der Mangel an Spurenelementen, Vitaminen und Flüssigkeit kann einen Gedächtnisverlust nach sich ziehen.
- Depressionen können die Gedächtnisleistungen verändern.
- Nervosität und Angst vermindern ebenfalls die Leistung des Gehirns und auch die Abruffähigkeit von Erinnerungen.

Konzentrationsschwäche?

Sie haben das Gefühl, dass Sie sich nicht mehr richtig konzentrieren können? Vielleicht liegt dies an der Überforderung oder den viel zu hohen Erwartungen, die Sie an sich selbst stellen. Möglicherweise vollziehen Sie im täglichen Arbeitsalltag mehrere Tätigkeiten gleichzeitig, wobei jede eigentlich Ihre ungeteilte Aufmerksamkeit erfordert. Das Gehirn ist nämlich nicht multitaskingfähig, sondern kann nur jeweils eine Aufgabe abarbeiten.

Versuchen Sie, sich nur auf eine Sache zu konzentrieren. Schalten Sie alle anderen Störquellen ab (Musik, Telefon, Mobiltelefon, E-Mail-Benachrichtigung etc.). Widmen Sie Ihre gesamte Aufmerksamkeit nur einer Tätigkeit. Halten Sie dieses Vorgehen über einen längeren Zeitraum durch. Nimmt Ihre Konzentrationsfähigkeit nicht zu, können auch physische Ursachen zugrunde liegen und Sie sollten einen Arzt konsultieren.

Erhöhen der Konzentration

durch die Festigung der dem Gehirn innewohnenden Zeitstruktur des Drei-Sekunden-Rhythmus: [157]

- Sport treiben
- Aktiv musizieren
- Gehen und denken
- Tanzen, Gesellschaftstanz
- Rad fahren
- Dem Meer lauschen

Gehirnjogging

Mit Gehirnjogging-Programmen üben Sie eine Aufgabe, in der Sie gut werden, aber eben nur in dieser einen. Der wissenschaftliche Beweis, dass sich Gehirnjogging-Programme auf ungeübte Bereiche ausdehnen und diese „mitüben", steht noch aus.

3.3.4 Stoffe für das Gehirn

Es gibt einige Stoffe, mit denen das Gehirn noch effektiver arbeiten kann. Im Folgenden haben wir die wichtigsten Bausteine zusammengestellt.

Sauerstoff

regt die Durchblutung an und sorgt damit für eine bessere Leistung.
- *Aufnahme:* Durch Frischluft, Spaziergänge, Ausdauersportarten.

TIPP   BEVOR SIE IN VERHANDLUNGEN TRETEN, GÖNNEN SIE SICH EINEN
       SPAZIERGANG AN FRISCHER LUFT ODER ATMEN SIE AN EINEM OFFENEN
       FENSTER EINIGE MINUTEN TIEF DURCH!

Glutaminsäure

verbessert als Neurotransmitter die Zellatmung und steigert die Reaktionsfähigkeit des Gehirns.
- *Aufnahme:* Nicht als Geschmacksverstärker Glutamat! Aber über eiweißreiche Lebensmittel. Ein hoher Anteil ist in Rindfleisch, Lachs, Käse und Vollkornmehl enthalten.

Phenylalanin

ist als essenzielle Aminosäure ein Bestandteil von Proteinen und Peptiden und an der Bildung von Adrenalin und Noradrenalin beteiligt, das schnelles Reagieren und Konzentrieren ermöglicht. Auch ist es Ausgangsstoff für den Botenstoff Dopamin.
- *Aufnahme:* Lebensmittel mit hohem Phenylalanin-Anteil sind Schweine- und Hähnchenfleisch, Lachs, Hühnerei, Vollkornmehl und Kürbiskerne.

TIPP   ESSEN SIE VOR EINER REDE ODER EINEM MEETING, WO SIE SICH SEHR
       KONZENTRIEREN MÜSSEN, EINE HANDVOLL KÜRBISKERNE!

Methionin

ist als essenzielle Aminosäure an der Biosynthese von Cholin, Kreatin, Adrenalin und Nukleinsäuren beteiligt und stärkt das Gedächtnis.
- *Aufnahme:* Über Lebensmittel wie Rindfleisch, Hähnchenbrust, Lachs, Hühnerei, Sojabohnen, Vollkornmais. Besonders reichlich ist es in Paranüssen enthalten.

Pantothensäure

Ist auch als Vitamin B5 bekannt und für den Aufbau von Coenzym A zuständig, das im Stoffwechsel eine wichtige Rolle spielt. Es sorgt dafür, dass das Gehirn vital ist und arbeiten kann. Mangelerscheinungen führen zu einer Lernschwäche.

- *Aufnahme:* Über Lebensmittel wie Innereien, Eier, Nüsse, Reis, Obst, Gemüse und Bierhefe. Besonders viel Pantothensäure ist in Pinienkernen enthalten.

4 Bewegung

4.1 Bewegen Sie sich!

Es ist wissenschaftlich bewiesen: Sport und Bewegung helfen dabei, Übergewicht zu reduzieren, das Muskel- und Skelettsystem gesund zu erhalten, Herz-Kreislauf-Erkrankungen zu vermeiden, psychische Dysfunktionen wie Depression zu mildern und leichter zu lernen. Sport trägt zur Appetitsteuerung bei, stärkt das Immunsystem, verringert das Risiko für mehrere Krebsarten, vermindert die Gefahr für Schlaganfall und Diabetes.[158] Regelmäßige Bewegung ist unentbehrlich, wenn Sie über einen längeren Zeitraum hohe Leistungen in mentalen, körperlichen, emotionalen und anderen Bereichen vollbringen möchten.

Mit Bewegung und Training, vor allem mit reichlich Sauerstoffzufuhr, vermindert sich das Risiko einer allgemeinen Demenz. Bei der Alzheimer-Krankheit verringert die körperliche Betätigung das Risiko sogar um über 60 Prozent.[159]

Dabei reicht es schon aus, zweimal pro Woche Sport zu treiben. Wer sich täglich 20 Minuten bewegt, senkt das Risiko, einen Schlaganfall zu erleiden, sogar um 57 Prozent.[160]

Ausdauertraining wirkt sich auch auf die Gemütslage aus. Denn dabei werden die Neurotransmitter Serotonin, Dopamin und Noradrenalin ausgeschüttet, die die psychische Gesundheit beeinflussen. Besonders bei psychischen Störungen wie Depression oder Angstzuständen wirken Sport und Bewegung erstaunlich erfolgreich.[161]

Bewegung und die damit verbundene Sauerstoffaufnahme haben eine weitere lebenswichtige Wirkung: Sauerstoff bindet die freien Radikale. Diese sind nämlich hauptsächlich für die Zerstörungsprozesse im Körper verantwortlich. Überschüssige Elektronen lagern sich an bestimmte Moleküle an und bilden dadurch freie Radikale, die im Organismus als Gift wirken und verschiedene chemische Prozesse – zum Beispiel Alterungsprozesse – in Gang setzen.

Es gibt Führungskräfte, die sich Laufbänder ins Büro stellen, um in den Pausen und bei Denktätigkeiten zu trainieren. Diejenigen, die eine körperliche Bewegung in den Arbeitsalltag integrieren, berichten davon, dass das Training zu klareren Gedanken führe und die Konzentration unterstütze.[162]

Laufbänder im Büro

Der Entwicklungsbiologe John Medina plädiert dafür, Laufbänder in Büros zu installieren. Führungskräfte sollten hierbei mit gutem Beispiel vorangehen und die Belegschaft motivieren, ihre Pausen für Bewegung zu nutzen. Teilnehmer an Vorstandssitzungen, so meint Medina, könnten während des Gesprächs mehrere Kilometer auf Laufbändern zurücklegen und die Sauerstoffzufuhr für elegante und schnelle Lösungen nutzen.

TIPP VERSCHIEDENE STUDIEN ERGABEN, DASS SPORT NACH VIELEN STUNDEN SITZENDER TÄTIGKEIT DIE DEFIZITE ALLEIN NICHT AUSGLEICHEN KANN. WICHTIG IST, SICH SPÄTESTENS ALLE 45 MINUTEN MIT EINER KURZEN BEWEGUNGSEINHEIT AUS DER STARRE ZU LÖSEN, SEI DIES MIT EINEM GANG ZUM DRUCKER ODER IN DIE TEEKÜCHE. BESTENS GEEIGNET SIND AUCH KLEINE LOCKERUNGSÜBUNGEN. GEWÖHNEN SIE SICH AN, SICH MINDESTENS EINMAL PRO STUNDE ETWAS ZU BEWEGEN. RICHTEN SIE DAFÜR ERINNERUNGEN AUF DEM MOBILTELEFON ODER IM COMPUTER EIN!

Das Gehirn mit Sauerstoff versorgen zwei Körperbereiche außergewöhnlich rasch, die Sie deshalb zwischendurch reichlich bewegen sollten: der Mundbereich (Grimassieren, Sprechen) und die Finger (mit Bewegungen von Fingerspielen bis Handarbeiten).[163]

Drei Hauptbereiche sollten Sie in Ihrer regelmäßigen Bewegung abdecken:

- Gleichen Sie einseitige Sitzbelastungen durch spezielle, wenige Minuten dauernde *Übungen am Arbeitsplatz* mehrmals am Tag aus.
- Üben Sie *Ausdauersportarten* zur Gesunderhaltung von Körper und Geist und zum Stressabbau mindestens zweimal pro Woche aus.
- Trainieren Sie Ihre körperliche *Fitness* und *Muskulatur*, bauen Sie Muskeln auf.

TIPPS ERSTENS Laufen Sie ab sofort jede Treppe hoch.

ZWEITENS Bauen Sie täglich mindestens 5000 Schritte in Ihren Tag ein.

DRITTENS Lassen Sie einmal am Tag Ihren Herzschlag durch körperliche Aktivität kurz ansteigen (sprinten, hüpfen ... alles was Ihnen gefällt).

4.1.1 Was uns bewegt

Das menschliche Skelett mit Gelenken, Muskeln, Sehnen und Bändern bildet ein ausgeklügeltes System, das den Körper in Form hält und ihm ermöglicht, sich zu bewegen. Deshalb wird dieses System auch als Stütz- und Bewegungsapparat bezeichnet. Das Skelett stützt, die Muskeln bewegen den Körper mit Hilfe der Sehnen und Bänder.

Doch die *Knochen* mit ihren verschiedenen Formen haben noch andere Funktionen inne. Ohne den Brustkorb wäre Atmung nicht möglich, Becken und Schädel schützen zudem die innen liegenden Organe, und im Knochenmark werden Blutzellen gebildet.

Die *Skelettmuskeln* sitzen am Knochen und ziehen sich bei gewünschter Bewegung zusammen. Gemeinsam mit dem jeweiligen Antagonisten bringen sie einen Körper dahin, wo der Geist ihn gerne hätte. Jeder Muskel besteht aus Muskelfasern, die sich aus einzelnen Zellen bilden, bündelweise mit einer Haut umgeben sind und den Muskel als Ganzes darstellen. Eine besondere Fähigkeit des Muskels besteht darin, mittels elektrischer Impulse zu arbeiten. Diese Fähigkeiten besitzen außer den Muskel- nur die Gehirnzellen, die Neurone.

Die *Sehnen*, von denen besonders lange Exemplare in schützenden Sehnenscheiden sitzen, verbinden Muskeln und Knochen nicht nur miteinander, sondern sorgen vor allem dafür, dass die Kraft übertragen wird. Sehnen bestehen aus festem, kollagenem Bindegewebe. Falls eine Sehne einem besonderen Druck ausgesetzt ist, sorgen Schleimbeutel als Polsterung zur Abfederung.

Zum Schutz vor Verdrehungen liegen an Knochen, Muskeln und Sehnen die *Bänder* an, die aus kollagenen, nicht elastischen Fasern bestehen.

Krankheiten des Bewegungsapparats schränken die Bewegungsfähigkeit oft stark ein. Zu den häufigsten Erkrankungen gehören:

- Rückenschmerzen
- Bandscheibenvorfälle

- Gicht
- Arthrose
- Rheuma
- Weichteilrheuma
- Osteoporose

Alle diese Krankheiten können mittels Ernährung und Bewegung gemildert werden.

4.1.2 Bewegungsmangel und Auswirkungen

Epidemiologische Studien belegen, dass etwa 60 Prozent aller Todesfälle weltweit durch Krankheiten verursacht werden, die auf individuelle Verhaltensweisen zurückgehen (Bewegungsmangel, Rauchen, Übergewicht etc.).[164]

Kardiovaskuläre Krankheiten umfassen bereits 40 bis 50 Prozent der Todesursachen in der westlichen Welt. Wenn trotz aller Warnungen die Menschen an der ungesunden Lebensweise festhalten (Übergewicht, ungesunde Ernährung und zu wenig Bewegung), werden im Jahre 2050 nur noch ein Drittel der Bevölkerung einen normalen Körperumfang besitzen und zwei Drittel unter Übergewicht bis zur Fettleibigkeit leiden.[165]

Und nun die gute Nachricht: Vor allem Herz-Kreislauf-Erkrankungen (Herzinfarkt, Schlaganfall, Bluthochdruck) und Erkrankungen des Bewegungsapparates (Arthrose, Osteoporose) können durch regelmäßiges Training abgewehrt und verhindert werden.[166]

Wie aber sieht es tatsächlich im Berufsalltag aus?

Die überwiegend sitzenden Tätigkeiten führen zu einem Bewegungsmangel des Menschen, der gravierende Probleme nach sich ziehen kann. Skelett und Muskulatur sind evolutionsbiologisch dazu beschaffen, sich reichlich und viel zu bewegen. Dazu möglichst nicht einseitig, sondern recht ausgewogen in der Beanspruchung.

Doch in der westlichen Zivilisation werden genau diese beiden entscheidenden und grundlegenden Faktoren nicht berücksichtigt: Es wird sich nicht (genügend) oder nur einseitig bewegt.

Der Bewegungsmangel führte deshalb über die vergangenen Jahrzehnte zu einer Reihe von Zivilisationskrankheiten, deren Ursache (neben dem Rauchen und der Fehlernährung) im Bewegungsmangel zu suchen ist. Allen voran stehen (chronische) Rückenschmerzen, die mittlerweile als Volkskrankheit gelten.

Rücken und Bandscheiben

Die Knorpelscheiben zwischen den Rückenwirbeln sehnen sich nach Dehnung, Streckung – und Druckentlastungen. Doch ständiges Sitzen verstärkt die Belastung. Sind dazu noch Muskeln an Bauch und Rücken, ebenso die Bänder untrainiert, kommt es zu Verspannung, Schmerzen und Verschleiß. Der Bandscheibenvorfall kann folgen – und damit ein langwieriger Therapieprozess. Versuchen Sie diesem durch kleine Bewegungseinheiten, gezieltes Rücken- und Bauchmuskeltraining und viel Bewegung zwischendurch am Arbeitsplatz entgegenzuwirken.

Hier sitzen Sie richtig!

Mittlerweile gibt es zahlreiche Möbel, die sich durch Rückenfreundlichkeit und Ergonomie auszeichnen, zum Beispiel:

- *Bürostühle:* ergonomisch geformt, in der Höhe verstellbar
- *Gymnastikball:* ständig aktives Ausgleichen, eine Stunde am Tag genügt
- *Swopper:* kleiner, höherverstellbarer Hocker zum aktiven Sitzen
- *Keilkissen:* immer mal zwischendurch auflegen für aufrechtes Sitzen

Sowie: Autositze, Fahrräder, Sessel, Stühle, Liegen, Matratzen, Sofas und zahlreiche andere Möbel im täglichen Gebrauch unterstützen eine Sitz- oder Liegeposition, die die Bandscheiben schont.

Von Übergewicht bis Fettleibigkeit

Bewegungsmangel kann zu Übergewicht und Adipositas (Fettleibigkeit) führen, was wiederum zu Bluthochdruck, Diabetes mellitus, koronaren Herzkrankheiten, Schlaganfall, Arteriosklerose, Arthrose, Brustkrebs, degenerativen Wirbelsäulenerkrankungen, Gallenblasenerkrankungen, Gicht sowie einer Verminderung der kognitiven Leistungsfähigkeit, aber auch zu Allergien führen kann.

Gründe für Übergewicht sind hauptsächlich zu wenig körperliche Betätigung und zu kohlenhydrat- oder kalorienreiche Ernährung (sofern nicht andere Gründe vorliegen).

Es wird also mehr gegessen, als verbrannt. Und bei geringer Muskeltätigkeit werden außerdem weniger Enzyme zur Fettverbrennung gebildet. Wer sich also wenig bewegt, verbraucht nicht nur weniger Kalorien, auch das Fett wird kaum abgebaut.

Das Verhältnis von Fett zum Körpergewicht messen zahlreiche spezielle Waagen. Übergewichtige Menschen sollten jedoch ein besonderes Augenmerk auf das Verhältnis zwischen Taille und Hüfte sowie den Bauchumfang legen. Die Fettverteilung im Bauchraum und an den inneren Organen beeinflusst den Fett- und Kohlenhydratstoffwechsel (Zuckerstoffwechsel) besonders ungünstig und gilt als wesentlicher Indikator für das Risiko einer Diabetes. Frauen gelten ab 80 cm und Männer ab 92 cm Bauchumfang (Durchschnittswerte) als gefährdet. Dann besitzen sie einen höheren „viszeralen (=innerlichen) Fettanteil", der sich im Bauchraum um die inneren Organe ablagert. Das viszerale Fett ist sehr stoffwechselaktiv und produziert ständig Fettsäuren, die im Blutkreislauf zirkulieren. Dieses Fett beeinträchtigt also die Insulintätigkeit mit der Folge, dass Blutfettwerte und Blutzuckerspiegel steigen.

Wir sprechen nicht davon, dass Sie die Maße eine Models oder Sportlers besitzen müssen. Lieber etwas mehr als zu wenig auf den Rippen zu haben, scheint sich sogar positiv auszuwirken, belegen Studien, die sich mit dem Leibesumfang beschäftigen. Demnach leben Menschen mit einem BMI (Body-Mass-Index: Gewicht durch Körpergröße im Quadrat), der um die 25 beträgt, länger als Menschen, die einen BMI zwischen 18 und 25 aufweisen, den die Weltgesundheitsorganisation (WHO) empfiehlt. Dennoch ist die Fitness und nicht nur das Gewicht ausschlaggebend. Sind Sie gut trainiert, dürfen Sie auch etwas mehr Gewicht auf die Wage bringen.

Mögliche Ursachen für Übergewicht in der Gesellschaft

1. Vorwiegend sitzende Tätigkeit
2. Geringe Bewegung durch Auto, Fahrstuhl, Rolltreppe
3. Passive Freizeit (Fernsehen, Computer)
4. Frust, Langeweile, Stress: Essen als Ersatz oder Kompensation
5. Waren-Überangebot
6. Essen als Ersatz für emotionale und persönliche Zuwendung
7. Keine geregelten Mahlzeiten
8. Fastfood: Portionengröße, Essgeschwindigkeit, zu hoher Fett-, Zucker- und Salzgehalt, dabei nicht ausreichend sättigend
9. Farb- und Geruchsstoffe, die das Essen appetitlicher erscheinen lassen, als Hunger es bewirkt

10. Werbung für zucker- und fetthaltige Lebensmittel

11. Geschmacksprägung durch Zuckerzusatz (Softdrinks, gesüßter Tee, gesüßte Fleischwaren)

12. Jo-Jo-Effekt nach einer Diät

Das metabolische Quartett

Treffen die vier Komponenten Übergewicht, Bluthochdruck, schlechte Blutfettwerte und Insulinresistenz aufeinander, dann können sie das metabolische Syndrom auslösen: Betroffene leiden unter einem erhöhten Risiko für Schlaganfall und Herzinfarkt.

Der erste Schritt aus diesem Risikobereich ist daher, dass Sie Kohlenhydrate, wie Zucker, Süßigkeiten und Weißbrot, die eine Insulinproduktion ankurbeln, vom Speiseplan streichen. Ein auf Sie zugeschnittenes Ernährungs- und Bewegungsprogramm hilft dann, die Werte wieder in Ordnung zu bringen. Und Sport ist dabei ein unverzichtbarer Begleiter.

Der Body-Mass-Index (BMI)

Bereits 1870 kam der Belgische Mathematiker Adolphe Quetelet auf die Idee, das Körpergewicht in Bezug zur Körpergröße zu stellen, und entwickelte den BMI. Eigentlich wollte Quetelet Populationen untereinander vergleichen und nicht Einzelpersonen, so wie es heute üblich ist. Mittlerweile hat sich der BMI aber als ein Anhaltspunkt für mögliches Übergewicht etabliert. Der Body-Mass-Index bezieht das Körpergewicht auf die gesamte Oberfläche des Körpers, weshalb diese zum Quadrat gesetzt wird. Die Ergebnisse berücksichtigen allerdings nicht die Muskelmasse oder die Gewebezusammensetzung, weshalb aus der Zahl nicht zu erkennen ist, ob tatsächlich ein überproportional hoher Fettanteil für den hohen BMI ausschlaggebend ist. Kennen Sie jedoch Ihren Körper und wissen, dass Sie beispielsweise Übergewicht durch Fettansammlungen am Bauch aufzuweisen haben, dann wird Ihnen durch den BMI deutlich, wie stark sie von der Normalverteilung abweichen. Zudem gibt es Messmethoden, die den Fettanteil genau aufzeigen.

Die Idealwerte des BMI hängen sowohl vom Geschlecht, als auch vom Alter ab.

Idealwerte des BMI nach Alter

Alter in Jahren	Empfohlener BMI
19 bis 24	19 bis 24
25 bis 34	20 bis 25
35 bis 44	21 bis 26
45 bis 54	22 bis 27
55 bis 64	23 bis 28
über 64	24 bis 29

Idealwerte des BMI nach Geschlecht

	BMI männlich	BMI weiblich
Untergewicht	unter 20	unter 19
Normalgewicht	20 bis 25	19 bis 24
Übergewicht	26 bis 30	25 bis 30
Adipositas	31 bis 40	31 bis 40

Check

Berechnen Sie Ihren Body-Mass-Index:
Gewicht durch Körpergröße im Quadrat = BMI

Beispiel

Sie sind männlich und wiegen 80 kg bei einer Körpergröße
von 1,80 m, dann errechnen Sie Ihren BMI folgendermaßen:
80/(1,80 x 1,80) = 24,7
Ihr BMI ist als normal einzuschätzen.
Besitzen Sie starkes Übergewicht oder sind Sie adipös, sollten Sie
unbedingt einen Arzt aufsuchen!

Bewegungsmangel erhöht das Sterberisiko

Verharrt ein Körper träge in stundenlanger, sitzender Position, werden Verdauung, Immunsystem und Konzentrationsfähigkeit geradezu kaltgestellt. Und dem Mangel an körperlicher Verausgabung folgen dann Migräne, Verspannungen und Schlaflosigkeit.

Wer sich wenig bewegt, dessen Sterberisiko steigt innerhalb von 20 Jahren um 56 Prozent, (um 52 Prozent durch Rauchen, um 31 Prozent durch schlechte Ernährung und um 26 Prozent durch häufigen Alkoholgenuss).[167]

Eine Harvard-Alumni Studie, die sich an der verbrauchten Kalorienzahl bei sportlichen Aktivitäten orientierte, brachte hervor, dass Männer, die pro Woche 2000 Kalorien durch Sport verbrannten, ein um 25 bis 30 Prozent geringeres Mortalitätsrisiko als weniger aktive Personen besaßen.[168]

Bereits 1000 Kalorien pro Woche, was etwa 2 bis 3 Stunden Walking entspricht, sind ausreichend, um das Mortalitätsrisiko zu senken.[169] Allerdings gilt dies nur, wenn sportliche Aktivitäten regelmäßig auf dem Wochenplan stehen. Wer früher viel trainierte, es aber gegenwärtig nicht mehr tut, ist vor Herz-Kreislauf-Erkrankungen nicht gefeit.

Erschreckend in diesem Zusammenhang ist, dass nach wie vor 45 Prozent der deutschen Erwachsenen keinen Sport treiben. Und nur jeder achte Aktive erreicht die Empfehlungen für ausreichende körperliche Aktivität.[170]

Fitness bis ins Alter

Zwischen Personen des gleichen Alters fallen oftmals die großen Unterschiede in der persönlichen Fitness und dem Aussehen auf – egal ob Menschen 35, 45 oder 75 sind. Vor allem ab der Lebensmitte scheint die Schere besonders groß. Zurückzuführen ist dies tatsächlich darauf, ob ein Mensch körperlich aktiv ist, also regelmäßig (Ausdauer-)Sport betreibt, sich gesund ernährt und gesund lebt. Es ist ihm anzusehen – im Gesicht, an der Agilität, am Gesundheitszustand, an der Muskelmasse – und an der Leistung. Zahlreiche Studien ergaben: Wer nichts tut, dessen kognitive, motorische und sensorische Fähigkeiten nehmen ab. Bewegt sich ein Mensch viel und stärkt seine kardiovaskuläre Fitness, so kann er die Hirnalterung verlangsamen.[171] Er bleibt fit bis ins hohe Alter.

4.1.3 Was Sport und Bewegung bewirken

Der Mensch ist evolutionsbiologisch zur Bewegung geschaffen. Die ersten Vertreter von Homo erectus und später auch Homo sapiens legten hunderttausende Kilometer über Generationen zurück, um die Erde von Afrika aus zu erobern. Unser Gehirn ist zum Gehen konstruiert. Jahrtausendelang saßen Menschen nicht am Schreibtisch, sondern bewältigten bis zu 20 Kilometer am Tag.[172] Frühe Menschen jagten, sammelten und suchten nach Nahrung und Unterkünften. Später mussten sie lange Strecken bis zur und während der Arbeit hinter sich bringen.

Und nicht nur das Gehirn benötigt die Betätigung, auch und vor allem der Körper. Unbewegte Muskeln schwinden, Sehnen und Bänder stützen nicht mehr ausreichend, Bandscheiben leiden unter zu großem Druck. Stabilität, Agilität, Kraft und Durchhaltevermögen nehmen ab. Der Mensch verkümmert.

TIPP   WER NACH EINER LANGEN BEWEGUNGSPAUSE WIEDER ANFÄNGT, MUSKEL-
        MASSE UND AUSDAUER AUFZUBAUEN, UM ÜBERGEWICHT ABZUBAUEN,
        SOLLTE BEIM BLICK AUF DIE WAAGE NICHT ENTTÄUSCHT SEIN. WENN
        AUCH ZUNÄCHST DAS GEWICHT ETWAS ABNIMMT, KANN DIES ABER BALD
        STAGNIEREN: MUSKELN WIEGEN MEHR ALS FETT. ES KOMMT ALSO NICHT
        NUR AUF DIE GEWICHTSANZEIGE AN, SONDERN AUCH AUF TAILLENMES-
        SUNG UND FETTVERBRENNUNG.

Der menschliche Organismus behält sein ganzes Leben lang die Fähigkeit, auf körperliches Training mit einer erhöhten Enzymaktivität und Zunahme an Muskelmasse und Durchblutung zu reagieren.[173] Krafttraining und Muskelaufbau sind also bis ins hohe Alter möglich. Wenn Menschen regelmäßig Sport treiben, dann können sie aktiv auf ihre körperliche Aktivität und Mobilität einwirken und damit die kardiovaskulären Systeme, den Stoffwechsel und das Immunsystem beeinflussen.[174]

TIPP   SUCHEN SIE SICH EINE SPORTART, DIE IHREM LEBENSRHYTHMUS UND
        IHREN VORLIEBEN ENTSPRICHT – VON EINZEL- BIS MANNSCHAFTSSPORT-
        ARTEN ZU LAND, ZU WASSER ODER IN DER LUFT.

Sobald Sie sich regelmäßig bewegen und Ihre Fitness trainieren, werden sich mehrere Faktoren verbessern:

- Muskelaufbau
- Knochenstabilität

- Bindegewebe
- Metabolisches System
- Verdauungsapparat
- Gehirnleistungen
- Emotionale Zufriedenheit

Sport beeinflusst die Denkleistung

Wie Studien belegen, kommt regelmäßiges Training auch im Alter dem Gehirn zugute. So machten bildgebende Verfahren deutlich, dass ältere Menschen, die mehr als zwei Jahrzehnte regelmäßig ein Ausdauertraining betrieben, eine ökonomische Aktivität der Gehirnabschnitte bei bestimmten Aufgaben auswiesen, die denen von jüngeren Personen entsprach.[175] Andere Analysen ergaben, dass trainierte Menschen bessere kognitive Denkleistungen ausführen können, eine höhere Aufmerksamkeit besitzen und dass verschiedene Gehirnregionen aktiver arbeiten.

Die Ursachen für die Steigerung der kognitiven Fähigkeiten sind bisher noch nicht ausreichend erforscht. Ergebnisse belegen, dass die stärkere Durchblutung des Gehirns und das höhere Sauerstoffangebot die Synthese und Plastizität von Synapsen beeinflussen und daraus resultierende zusätzliche Verschaltungen, die zu einer höheren Aktivität des Gehirns führen können.[176]

Sport verändert das Erbgut

Nun ist es bewiesen: Was der Mensch isst und wie er sich bewegt, schlägt sich auf seine DNA nieder. Galt diese lange Zeit als unveränderbar, so zeigen neueste Studien, dass sich auch sportliche Aktivität innerhalb einer Lebensspanne im menschlichen Erbgut festschreibt.

In jeder Zelle sind in der Regel nur die Gene aktiv, die die Aufgaben der Zelle bestimmen. Diese Markierung der Gene (oder epigenetischen Prozesse) ist notwendig, damit der Körper funktioniert. Im Laufe des Lebens können sich die Markierungen aber verändern, je nachdem, welche Ernährung, Luftverschmutzung, Drogen oder Stress einwirken. Ebenso Sport. Bereits nach wenigen Trainingseinheiten verändern sich schon die chemischen Markierungen am Erbgut. Zunächst ist ein veränderter Stoffwechsel die Folge, doch über einen längeren Zeitraum absolviert, kann ein sportlich aktiver Mensch möglicherweise diese Eigenschaften seinen Kindern vererben.

Energiebilanz

Wie bereits im Kapitel Ernährung vorgestellt, ist es wichtig, seine Energiebilanz zu betrachten. Wenn Energieaufnahme und Verbrauch gleich hoch sind, nehmen Sie nicht ab. Nehmen Sie mehr Kalorien auf, als Sie verbrennen, erhöht sich Ihr Körpergewicht. Sie verlieren erst dann an Gewicht, wenn der Energieverbrauch größer als die Energieaufnahme ist. Der Idealzustand ist erreicht, wenn Sie schlank und fit sind und die Energiebilanz im Gleichgewicht ist!

4.2 Sportarten und Übungen

Menschen sitzen zu viel und bewegen sich zu wenig. Die Vor- und Nachteile sind bekannt. Was aber können wir tun?

Um einseitige körperliche Belastungen, stundenlange Fehlhaltungen, Muskelschwund, Übergewicht und Ausdauerdefizite auszugleichen, bedarf es verschiedener körperlicher Übungen und Bewegungsarten.

Wir unterscheiden folgend und stellen vor:

- *Übungen zwischendurch am Arbeitsplatz*
  (gegen zu langes Sitzen und Verspannungen)
- *Ausdauersportarten*
  (Schwimmen, Laufen, Radfahren, unter anderem für die Fitness des Herz-Kreislauf-Systems)
- *Sport zum Aufbau von Muskulatur*
  (zur Stärkung des Stütz- und Muskelapparates)

4.2.1 Übungen zwischendurch am Arbeitsplatz

Stundenlanges Sitzen lässt Körper und Geist verkümmern. Die Bandscheiben stehen unter größerem Druck als sie vertragen, Nacken und Hals verspannen, Gliedmaßen erhalten zu wenig Blut und Sauerstoff, ebenfalls das Gehirn. Mit der Zeit nehmen Muskelmasse, Stabilität und Agilität ab. Sobald Schmerzen auftreten, ist es bereits zu spät. Sport nach dem Arbeitstag ist zwar gesund, kann aber die einseitige Belastung nicht aufheben. Mindestens einmal pro Stunde sollten Sie die starre Sitzhaltung aufbrechen und sich bewegen.

Aus arbeitsmedizinischer Sicht sähe Ihr Arbeitsalltag so aus: ein Viertel Bewegung, ein Viertel stehend – die restliche Zeit dürfen Sie sitzen.

Mit kleinen Übungen im Arbeitsalltag können Sie folgende Körperregionen lockern und stärken:

- Wirbelsäule
- Nackenmuskulatur
- Rückenmuskulatur
- Brustmuskulatur
- Schultergürtel
- Bauchmuskulatur
- Beinmuskulatur
- Augen

TIPP AUCH IM ARBEITSALLTAG KÖNNEN SIE EINIGES FÜR DIE GESUNDHEIT TUN. HALTEN SIE SICH DAFÜR AN DIE FOLGENDEN EMPFEHLUNGEN.

Was Sie im Arbeitsalltag für sich tun können

- Stellen Sie Drucker und Kopierer in einem anderen Raum auf. So verschaffen Sie sich zusätzlich Bewegung.
- Statt den Mitarbeiterinnen und Mitarbeitern nebenan eine E-Mail zu schicken oder sie anzurufen, besuchen Sie diese.
- Telefonieren Sie grundsätzlich im Stehen.
- Arbeiten Sie zwischendurch an einem Stehpult.
- Nutzen Sie Stehtische für Besprechungen.
- Nehmen Sie statt des Aufzuges grundsätzlich die Treppe.
- Fahren Sie, wenn möglich, mit dem Rad zur Arbeit.
- Sind Sie auf das Auto angewiesen, dann parken Sie bewusst etwas entfernt, um zu Fuß zu gehen.
- Wenn Sie mit öffentlichen Verkehrsmitteln zur Arbeit kommen, dann steigen Sie eine Station eher aus und gehen Sie von da ab zu Fuß.
- Bewegen Sie sich in der Pause.
- Halten Sie Besprechungen im Gehen ab, sofern nur ein bis zwei Personen beteiligt sind.

Die folgenden Übungen orientieren sich an denjenigen, die auf dem Portal der Techniker Krankenkasse aufgeführt sind. Aber auch andere Krankenkassen empfehlen zahlreiche Übungen.

Auflockerungen im Sitzen

Sie fühlen sich verspannt, übermüdet oder spüren, dass Sie langsam versteifen, dann hilft Ihnen dieses Kurzprogramm von nur wenigen Minuten, damit Sie sich wieder fit fühlen:

Wiederholen Sie jede Übung fünfmal hintereinander. Bei bestehenden Rückenproblemen sprechen Sie im Zweifelsfall mit Ihrem Arzt, ob diese Übungen für Sie sinnvoll sind.

Kopfdreher

Eine Übung für Hals und Nacken.

- Legen Sie die Hände entspannt auf die Oberschenkel.
- Kopf langsam nach rechts drehen und das Kinn anheben – einatmen.
- Kopf geradeaus und nach vorn beugen – ausatmen.
- Kopf nach links drehen und das Kinn anheben – einatmen.

Bitte alle Kopfbewegungen langsam ausführen.

Schulterkreisen

Lockert den Schultergürtel.

- Lassen Sie die Arme hängen und legen Sie dann die Hände entspannt auf die Oberschenkel.
- Schultern nach vorn nehmen.
- Schultern anheben und nach hinten bewegen – einatmen.
- Schultern fallen lassen – ausatmen.

Schulterdreher

Für Schultergürtel und Brustwirbelsäule.

- Lassen Sie die Arme entspannt neben den Oberschenkeln hängen.
- Schultern nach vorn fallen lassen – dabei die Daumen nach innen drehen – ausatmen.
- Schultern nach hinten nehmen und die Daumen nach außen drehen – einatmen.
- Schultern nach vorn fallen lassen – dabei die Daumen nach innen drehen – ausatmen.

Muskeldrücker

Für die Lendenwirbelsäule.

- Setzen Sie sich gerade auf den Stuhl.
- Hände hinter dem Rücken übereinander legen.
- Hände durch Anspannung der Bauch- und Gesäßmuskeln gegen die Lehne drücken – einatmen.
- Muskeln entspannen und den Druck lösen – ausatmen.

Fingerfaust

Eine Übung für Arme, Hände und Finger.

- Die Arme lang nach vorne strecken.
- Finger weit auseinander spreizen.
- Hände zu einer Faust schließen.
- Finger weit auseinander spreizen.
- Während dieser Bewegung die Arme abwechselnd heben.

Verspannungen lösen

Dehnung der seitlichen Nackenmuskulatur

- Setzen Sie sich auf einen Hocker oder Stuhl, die Beine sind leicht gespreizt. Die Füße stehen etwas mehr als schulterbreit fest auf dem Boden.
- Strecken Sie die Wirbelsäule, indem Sie den Scheitel des Kopfes nach oben schieben.
- Senken Sie beide Schultern zum Boden, ziehen Sie Ihr Kinn ein und neigen Sie jetzt den Kopf zur linken Seite in Richtung Schulter, ohne ihn zu drehen.
- Strecken Sie Ihren rechten Arm zum Boden, bis Sie eine Dehnung im Bereich der seitlichen Nackenmuskulatur spüren.
- Atmen Sie gleichmäßig ein und aus.
- Wechseln Sie anschließend zur anderen Seite.

Hinweis: Das Kinn zurückziehen, den Nacken lang strecken und die Schultern tief halten.

Schultern entspannen

- Eine Hand zwischen die Schulterblätter legen.
- Den Arm mit der anderen Hand unterhalb des Ellenbogens fassen und behutsam nach unten ziehen.
- Anschließend die andere Hand zwischen die Schulterblätter legen und die Übung für die andere Seite ausführen.

Beckenkippen im Sitzen

- Die Beine sind geöffnet und bilden einen Winkel von etwa 60 Grad. Dabei stehen Ihre Füße so weit auseinander, dass die Knie weder nach innen noch nach außen fallen.
- Kippen Sie Ihr Becken nach vorne und schieben Sie die Brust nach vorne oben, so dass Ihr unterer Rücken ein leichtes Hohlkreuz bildet.
- Anschließend Becken über die Sitzbeinhöcker nach hinten schieben, also abrollen, so dass Ihr Rücken rund ist.
- Wiederholen Sie die Übung in langsamem Tempo mindestens 10 bis 15 mal.
- Legen Sie zur besseren Wahrnehmung und zur Kontrolle eine Hand auf den Unterbauch und die andere Hand in gleicher Höhe auf den Rücken in Höhe der Lendenwirbelsäule.

Die Sitzbeinhöcker sind die Knochen im Gesäß, die Sie spüren, wenn Sie auf einer harten Unterlage aufrecht sitzen.

Quasimodo

- Setzen Sie sich aufrecht hin, winkeln Sie die Arme leicht an und lassen Sie die Hände locker hängen.
- Machen Sie nun Ihren Rücken rund. Ziehen Sie die Schultern hoch, als ob Sie damit die Ohrläppchen berühren wollten.

- Den Kopf leicht zurücknehmen. Nicht zur Decke schauen, sondern nach vorne blicken oder die Augen schließen.
- Spannen Sie nun alle Muskeln kräftig an. Wichtig: Atmen Sie dabei ruhig und gleichmäßig.
- Nach etwa zehn Sekunden lassen Sie die Schultern und den Kopf weit nach unten sinken, bis Ihr Kinn die Brust berührt. Ohne das Kinn von der Brust zu nehmen, versuchen Sie, das rechte Ohr auf die rechte Schulter zu legen.
- Danach wiederholen Sie das Gleiche mit der linken Seite.
- Setzen Sie sich danach entspannt hin und beobachten Sie ruhig die Empfindungen in Ihrem Nacken.

Aktivieren Sie Ihre Durchblutung!

Nach langem Sitzen sollten Sie den Rückfluss des Blutes in den Venen mit der sogenannten Muskelpumpe unterstützen.

Muskelpumpe

- Sitzen Sie aufrecht. Kippen Sie das Becken nach vorne auf das vordere Drittel des Stuhles. Gehen Sie nun in drei Schritten vor:
- Stellen Sie beide Füße auf den Boden. Heben und senken Sie abwechselnd die Fersen. Die jeweilige Fußspitze bleibt dabei auf dem Boden.
- Heben Sie abwechselnd einen Fuß und setzen Sie ihn wieder auf der ganzen Fußsohle ab. Werden Sie schneller in der Bewegung, als wollten Sie im Sitzen auf der Stelle gehen.
- Strecken Sie ein Bein und ziehen Sie die Fußspitze an. Dabei neigen Sie den Oberkörper nach vorne. So wird sowohl die Wade als auch die Oberschenkel-Rückseite gedehnt.

Entspannung im Sitzen – Atemübungen

Wird der Stress gerade besonders stark oder spüren Sie, dass die Konzentration sinkt, dann entziehen Sie sich einige Minuten und führen Sie das „achtsame Atmen" durch – es beruhigt.

Schlüsselbeinatmung

> Legen Sie die Hände auf den oberen Teil des Brustkorbs. Atmen Sie aus und langsam wieder ein, sodass sich der Brustkorb leicht anhebt. Ihre Hände spüren dabei das Heben und Senken des Brustkorbs.

Brustatmung

> Atmen Sie normal tief aus. Legen Sie die Hände beiderseits des Brustbeins auf die unteren Rippen, so dass sich die Fingerspitzen fast berühren. Beim Einatmen fühlen Sie, wie sich die Rippen weit nach außen dehnen und die Hände sich voneinander entfernen. Beim Ausatmen nähern sich die Fingerspitzen wieder einander an.

Bauchatmung

> Legen Sie jetzt die Hände in Höhe des Nabels auf den Bauch. Atmen Sie aus. Beim Einatmen hebt sich die Bauchdecke, die Hände werden nach oben gedrückt. Beim Ausatmen sinkt die Bauchdecke wieder zusammen und die Hände senken sich.

Rückenbeschwerden

Rückenschmerzen gelten mittlerweile als Volkskrankheit. Fast jeder zehnte Krankschreibungstag geht in Deutschland auf Rückenbeschwerden zurück, wie der Gesundheitsreport der TK (Techniker Krankenkasse) 2012 berichtete. Rückenschmerzen und Bandscheibenschäden haben dabei vor allem drei Ursachen: Bewegungsmangel, einseitige Belastung und Übergewicht.

Sport sollte deshalb nicht erst zur Therapie, sondern vor allem zur Vorbeugung betrieben werden.

TIPP LEIDEN SIE UNTER RÜCKENPROBLEMEN, DANN SOLLTEN SIE SICH EINE SPORTART AUSWÄHLEN, DIE IHREN RÜCKEN STÄRKT UND NICHT DIE RÜCKENMUSKULATUR UNNÖTIG BEANSPRUCHT. DA JEDER MENSCH EINE ANDERE BELASTUNGSGRENZE BESITZT, MÜSSEN SIE SICH SELBST BEOBACHTEN UND ENTSCHEIDEN, WELCHER SPORT IHREM RÜCKEN GUT TUT UND WELCHER NICHT!

Grundsätzlich können folgende Bewegungen für Ihren angeschlagenen Rücken fatale Auswirkungen haben. Versuchen Sie, diese Bewegungen zu vermeiden:

- Extremes Überstrecken der Hals- und Lendenwirbelsäule, vor allem in Kombination mit Verdrehung und Seitneigungen des Rumpfes, wie zum Beispiel Überkopfbewegungen beim Werfen und Aufschlagbewegungen in Spielsportarten.
- Stauchungsbelastungen der Wirbelsäule bei Landungen in Haltungen mit krummem Rücken oder bei Überstreckung der Wirbelsäule.
- Bewegungen, die oft hintereinander, sehr schwunghaft und sehr raumgreifend ausgeführt werden.

Welche Sportarten den Rücken mehr belasten und welche weniger

Rückenfreundliche Sportarten	Walking
	Laufen
	Bergwandern
	Schwimmen
	Radfahren
	Reiten
	Tanzen
	Skilanglauf
	Inline-Skating
	Low-Impact Aerobic (ohne Springen, beide Füße am Boden)
	Wirbelsäulengymnastik
	Krafttraining an medizinischen Geräten
Teilweise belastend	Fußball
	Handball
	Volleyball
	Basketball
	Golf

	Tischtennis
	Badminton
	Tennis
	High-impact Aerobic (mit Springen, Füße vom Boden weg)
	Rudern
	Kanufahren
Rückenbelastende Sportarten	Ski-alpin
	Eishockey
	Squash
	Surfen

Ausdauersportarten

Ausdauersport baut die Muskulatur auf, hält Gelenke und Skelett fit, stärkt das Herz-Kreislauf-System, führt dem Körper Sauerstoff zu, verbraucht Kalorien und dient dem Stressabbau. Wer täglich 30 bis 60 Minuten moderat körperlich aktiv oder dreimal die Woche 20 bis 30 Minuten sportlich aktiv ist, kommt in den Genuss der besten Gesundheitserfolge.[177] Regelmäßige körperliche Aktivität hilft, die Gesundheit zu schützen, zu erhalten und wieder herzustellen.

Ausdauersportarten können im Fitness-Studio, in der Natur, alleine oder in der Gruppe betrieben werden. Im Folgenden stellen wir Ihnen die sechs bekanntesten Ausdauersportarten vor.

Radfahren

Verzichten Sie so oft wie möglich auf das Auto. Fahren Sie Fahrrad bei jedem Wetter. Oder üben Sie Radfahren als Ausdauersportart aus. Dabei fordert das Fahren kontinuierlich die Herz-Kreislauf-Leistung und regt den Stoffwechsel an, Muskeln und Lunge werden gefestigt und der Körper und damit auch das Gehirn mit Sauerstoff versorgt. Intensiver Ausdauersport steigert außerdem die Durchblutung des Gehirns um etwa 30 Prozent.[178]

Zudem entlastet Radfahren die Gelenke und ist effektiv für die Fitness, wenn in kleinen Gängen durchgehend in die Pedale getreten wird. Auch die richtige Sitzposition ist entscheidend, damit der Körper optimal durchblutet wird. Eine etwa 70 Kilogramm schwere Person verbraucht pro Minute etwa sechs bis sieben Kalorien. Zwar ist der Gesamtenergieverbrauch geringer als beim Joggen, da beim Radfahren weniger Muskelgruppen aktiv arbeiten, dennoch lohnt sich das Radfahren. Wer dreimal die Woche etwa eine Stunde mit dem Rad fährt, kann seinen Körperfettanteil bereits senken. Bei dieser Ausdauersportart werden vor allem Gesäß- und Beinmuskeln trainiert, weshalb sich ein zusätzliches Trainingsprogramm mit gezielten Übungen für Bauch- und Rückenmuskulatur empfiehlt.

TIPP Lassen Sie sich Sattel und Lenkerhöhe vom Händler passend für Sie einstellen, damit der gesamte Körper gut durchblutet und nichts „abgeklemmt" wird.

Schwimmen

Wenn Ihnen das Ausdauertraining an Land nicht zusagt, dann probieren Sie es mit Schwimmen. Möglicherweise ist Wasser Ihr „Element". Zudem verbraucht der Körper beim Schwimmen viele Kalorien, Schwimmen ist gelenkschonend und eignet sich zum Abnehmen. Im kalten Wasser arbeitet der Stoffwechsel auf Hochtouren, um sich vor Auskühlung zu schützen. Das verbrennt zusätzliche Kalorien. Der Druck des Wassers verengt die Blutgefäße, wodurch mehr Blut zum Herzen gepumpt wird und das Herz insgesamt langsamer und ökonomischer schlägt. Wie hoch der Energieverbrauch ganz genau ist, hängt wie bei allen anderen Sportarten auch hier von Geschlecht, Alter, Gewicht und Trainingszustand ab. Auch die Technik ist entscheidend. Falsche Techniken können zu Überlastungen führen und den Trainingseffekt mindern. Ausgebildete Sportmediziner oder Schwimmtrainer informieren Sie über die geeignete Technik. Auch hier eignen sich etwa drei Trainingseinheiten pro Woche für eine Stärkung Ihrer körperlichen Fitness.

TIPP Beginnen Sie langsam und nach Plan mit dem Schwimmen. Lassen Sie sich entsprechend Ihrer Fitness von einem Schwimmtrainer darüber beraten. In der Regel dienen die ersten und die letzten 100 Meter zum Ein- und Ausschwimmen, dazwischen sollten sich 50 Meter zügiges und 50 Meter langsames Schwimmen abwechseln.

Laufen

Das Laufen oder Joggen gehört zu den beliebtesten Ausdauersportarten. Der Mensch scheint für das Laufen „gebaut" zu sein. Außerdem kann überall gelaufen werden. Es sind nur ein Paar Laufschuhe und die passende Kleidung vonnöten. Wer mit dem Laufen beginnt, sollte sich langsam daran gewöhnen und gerade als Anfänger Phasen des Walkings und des Joggens kombinieren. So können sich Muskeln und Knochen an die neue Belastung gewöhnen und es kommt nicht zu Überlastungen oder, weil es zu anstrengend ist, schnell wieder zum Beenden des Vorsatzes, regelmäßig zu joggen.

Dabei ist Laufen tatsächlich hervorragend geeignet, das Herz-Kreislauf-System zu trainieren. Knapp zwei Liter Sauerstoff pumpt der Körper in der Regel pro Minute durch die Muskeln. Und es werden pro Stunde durchschnittlich mehr Kalorien als beim Radfahren oder Schwimmen verbrannt. Menschen mit großem Übergewicht sollten dennoch zuerst mit gelenkschonendem Radfahren und Schwimmen überflüssiges Körpergewicht abbauen. Wie beim Radfahren werden vor allem Gesäß- und Beinmuskeln trainiert, weshalb auch hier ein zusätzliches Trainingsprogramm mit gezielten Übungen für Bauch- und Rückenmuskulatur zu empfehlen ist.

TIPP	Lassen Sie sich von Sportmedizinern beraten und stellen Sie gemeinsam einen Trainingsplan entsprechend Ihrer Fitness zusammen. Auch die Technik des Laufens optimieren entsprechend ausgebildete Trainer.
TIPP	Laufen Sie nicht gern allein? Dann suchen Sie sich eine Laufgruppe oder einen Partner bzw. eine Partnerin zum Laufen. In vielen Orten gibt es Trainingspartnerbörsen.

Walking

Für Anfänger, Übergewichtige oder Menschen mit orthopädischen Problemen bietet sich das Walking an, da es eine gelenkschonende Alternative zum Joggen ist und sich auch bestens als Einstiegssportart eignet. Zwar werden beim Walken etwas weniger Kalorien als bei den drei vorher besprochenen Ausdauersportarten verbrannt, aber gerade für untrainierte Menschen weist die Sportart dennoch eine positive Bilanz in der Fettverbrennung auf. Beim Nordic Walking, dem schnellen Gehen mit Hilfe zweier Stöcke, das sich aus dem Sommertrainingsplan von Skiläufern entwickelte, ist der Sauerstoffverbrauch ein wenig höher als beim normalen Walking. Wichtig sind auch hier gute Laufschuhe, die das flüssige Abrollen des Fußes ermöglichen, und die richtige Technik. Walking in Natur, vor allem in sauerstoffreichen Gebieten, wie Wald, ermöglicht bei intensivem Gehen und korrektem Gebrauch der Stöcke einen höheren Kalorienverbrauch und eine bessere Sauerstoffaufnahme. Leiden Sie unter Rücken- oder Kopfschmerzproblemen, dann wird Ihnen möglicherweise Ihre Ärztin zu dieser Sportart raten. Wenn Ihnen das (Nordic) Walking gefällt, dann können Sie natürlich auch wie Tausende andere begeisterte Menschen diese Sportart als Ihre immerwährende Ausdauersportart wählen.

TIPP   WENN SIE UNTER RÜCKENSCHMERZEN LEIDEN, DANN SCHLIESSEN SIE SICH EINER NORDIC-WALKING-GRUPPE AN. LASSEN SIE SICH DEN GEBRAUCH DER SPEZIELLEN STÖCKE UND DIE LAUFTECHNIK ERKLÄREN.

Wandern

Wandern gehört zu den beliebtesten Freizeitsportarten. Dieses über lange Strecken ausgelegte und zeitaufwändige Gehen liegt uns eigentlich in den Genen, denn der Bewegungsapparat ist auf tägliche Strecken von mehr 15 Kilometern ausgelegt.[179] Im Durchschnitt bewegt sich der zivilisierte Mensch jedoch nur 800 Meter pro Tag. Um Skelett und Muskelsysteme nicht verkümmern zu lassen, eignet sich das Wandern. Gerade das schonende und konsequente Bewegen kann Beschwerden lindern und Krankheitsrisiken senken. Auch in der Therapie wird die Bewegung in der Natur empfohlen, vor allem bei Depression und Angstzuständen. Aber auch hier gilt, nicht zu schnell einsteigen. Überfordern Sie den Körper nicht mit großen Touren, sondern fangen sie klein an. Falls Sie unter Hüft- oder anderen Problemen leiden, sollten Sie auch hier vorher einen Arzt zu Rate ziehen.

TIPP   DAS WANDERN IN DER GEMEINSCHAFT ERMÖGLICHEN ZAHLREICHE WANDERVEREINIGUNGEN, DIE AUCH BERATEN UND PASSENDE WANDERWEGE UND URLAUBE ANBIETEN.

Tanzen

Tanzen ist sowohl Ausdauersportart als auch musisch-kreative Beschäftigung. Wie alle Ausdauersportarten wirkt sich das Tanzen auf Körper und Fitness positiv aus. Das Herz-Kreislauf-System wird gestärkt, die Durchblutung gefördert und Stress abgebaut. Je nachdem, wie intensiv trainiert wird und um welche Tanzsportart es sich handelt, werden entsprechend Kalorien verbraucht. Bei ruhigeren Tänzen ähnelt der Verbrauch dem Nordic Walking. Zusätzlich werden während des Tanzens noch Balance, motorische Fähigkeiten, Konzentration und Rhythmusgefühl geschult. Tanzen fördert außerdem die Kreativität und die Gedächtnisleistung. Die körperliche Nähe und die Musik können zudem emotional entlastend wirken.

Tanzschritte und Technik von folkloristisch bis klassisch oder modern werden in Tanzschulen und Studios von Fachkräften vermittelt, die auf die richtige Körperhaltung und das passende Lerntempo achten. Tanzsportarten werden außerdem für Menschen allen Alters angeboten. Mindestens zwei Trainingseinheiten pro Woche sollten getanzt werden. Bei weniger Training eignet sich das Tanzen hervorragend als ergänzende Ausdauersportart.

> **TIPP** MÖGEN SIE DEN PAARTANZ UND SIND SIE GERNE IN GESELLSCHAFT, DANN IST DAS REGELMÄSSIGE TANZEN IN EINEM TANZCLUB MÖGLICHERWEISE GENAU DAS RICHTIGE FÜR SIE.

4.2.2 Sport zum Aufbau von Muskulatur

Einigen physiologischen Problemen wie Rücken- oder Gelenkschmerzen kann ein gezielter Muskelaufbau entgegenwirken. Muskelaufbau lohnt sich also sowohl präventiv wie auch therapeutisch.

Wie funktioniert der Muskel?

Ein Muskel besteht aus einzelnen Muskelfasern, die in Muskelfaserbündeln zusammengefasst sind. Diese Muskelfasern (auch Muskelzellen) sind wiederum aus Myofibrillen aufgebaut, die sich aus Sarkomeren bilden. Wichtig dabei ist, dass sich diese kleinsten funktionellen Einheiten eines Muskels aus Proteinsträngen und Eiweißen zusammensetzen. Muskeln benötigen Proteine für Aufbau und Funktion, für Muskelkontraktion und damit für die Bewegung. Die Deutsche Gesellschaft für Ernährung empfiehlt, dass Erwachsene täglich etwa 0,8 Gramm Protein pro Kilogramm Körpergewicht mit der Nahrung zu sich nehmen sollten.

Eine gesunde protein- und vitaminreiche Ernährung (pflanzlichen oder tierischen Ursprungs) ist also Grundvoraussetzung, dass der Körper mit seinen Muskelsystemen gut arbeitet.

> **TIPP** KAUFEN SIE MÖGLICHST BIOLOGISCH ANGEBAUTE UND SCHONEND HERGESTELLTE PRODUKTE. ALKOHOL HEMMT DAS MUSKELWACHSTUM UND SOLLTE DAHER NUR IN GERINGEN MENGEN KONSUMIERT WERDEN – WENN ÜBERHAUPT.

Welche Möglichkeiten des Muskelaufbaus gibt es?

Um als gesunder Mensch gezielt bestimmte Muskelgruppen aufzubauen oder zu stärken, gibt es die Möglichkeit, ein Sportstudio zu besuchen. Lassen Sie sich zu Beginn über Ihre anatomischen Befindlichkeiten und mögliche Beschwerden ausfragen und beraten und anschließend ein passendes Trainingsprogramm an den entsprechenden Geräten zusammenstellen. Je nach Wunsch kann dort zwischen Kraftgeräten, Rudergeräten, Steppern, Crosstrainern und vielen anderen Geräten gewählt werden – je nachdem, welche Muskelgruppen aufgebaut werden sollen.

Falls Sie große orthopädische oder schmerzende Probleme haben, sollten Sie zunächst beim Arzt und Sportmediziner nachfragen, ob und wie Sie Sport treiben und Muskeln aufbauen sollten. Anschließend wählen Sie die entsprechende Möglichkeit, die von Fitness- oder Sportstudio bis Physiotherapie und speziellen Übungen reichen kann.

4.3 Welcher Sporttyp sind Sie?

Nicht jede Sportart passt zu jedem Menschen. Je nach physischen Voraussetzungen, Fitnessstand oder Lust sollten Sie sich Ihre passende Sportart aussuchen. Gerade der letzte Punkt ist wichtig dafür, dass Sie die Sportart lange durchhalten. Ohne Spaß am Sport geht auch die Motivation zurück und Sie werden die Aktivität nicht über einen längeren Zeitraum ausüben. Ihre Freude an der ausgewählten Sportart ist nämlich gerade hier entscheidend.[180] Es ist also wichtig, herauszufinden, welcher Sporttyp Sie sind, also wann, wie und wo Sie am liebsten Sport treiben.

Beantworten Sie folgende Fragen ausführlich:

- Wie viel Zeit können und möchten Sie pro Woche in Sport investieren?
- Welche Sportarten bevorzugen Sie? (Wassersport, Ballsport, Kraftsport usw.)
- Wann bewege ich mich gern? (Tagesablauf)
- Welche sind die Ziele, die Sie durch Sport erreichen möchten?
- Wie viel Geld sind Sie bereit, in eine Sportart zu investieren?

Und wenn Sie abnehmen möchten, sollten Sie drei Dinge beachten:

- Untersuchen Sie Ihre Energiebilanz. Verbrauchen Sie mehr Energie, als Sie aufnehmen, wird sich Ihr Gewicht verringern.

- Helfen Sie der Fettverbrennung, indem Sie regelmäßig Sport treiben. Suchen Sie eine Kombination aus Ausdauer- und Krafttraining. Diese Mischung bringt deutlich mehr Fett zum Schwinden als bloßes Ausdauertraining!
- Stellen Sie Ihre Ernährung und Ihre Lebensweise um: Gesunde, überlegte Ernährung ist neben Bewegung die Grundlage einer anhaltend schlanken Figur.

Checkliste: Wie fit bin ich?

Es gibt verschiedene Möglichkeiten, die eigene Fitness zu messen. Ganz sichere Ergebnisse erhalten Sie vom Arzt, vom Sportmediziner oder von Sportwissenschaftlern, die in guten Fitnessstudios arbeiten.

Ein erster Überblick über Ihre sportliche Leistungsfähigkeit ergibt sich aus den folgenden Fragen zu einem Fitness-Test:[181]

Ist Ihre Statur eher:

1 muskulös	2 schlank	3 dick

Gehen Sie zu Fuß oder fahren Sie mit dem Fahrrad zu Arbeit oder Studium?

1 So oft ich kann	2 Ab und an	3 Nein, fast nie

Treiben Sie Sport?

1 Regelmäßig	2 Gelegentlich	3 Nie

Rauchen Sie?

1 Nie	2 Gelegentlich	3 Täglich

Wie verbringen Sie Ihre Arbeitstage?

1 Körperlich aktiv	2 Umherlaufend	3 Viel stehend	4 Viel sitzend

Was nehmen Sie am liebsten vor Fernseher oder Computer zu sich?

1 Ich bin selten am Fernseher/ Computer	2 Obst oder Gemüse	3 Bier oder Wein	4 Schokolade & Süßigkeiten	5 Chips, Salzstangen usw.

Wie oft betreiben Sie pro Woche mindestens 30 Minuten eine Ausdauersportart?

1 ein- bis zwei-mal	**2** nicht pro Woche, sondern nur, wenn ich Lust habe	**3** nie

Betreiben Sie Sport in einem Fitness-Studio?

1 Ja, regelmäßig und mehrmals die Woche	**2** Nein, ich mache meine Kraftübungen an einem anderen Ort	**3** Ja, aber ich gehe selten hin	**4** Nein

Wenn Sie die Treppen in den achten Stock einen Hochhauses steigen müssen, wie oft halten Sie inne, um Luft zu holen?

1 Ich gehe ohne Pause die Treppen hoch	**2** In der Hälfte mache ich Pause	**3** Ich mache etwa 2 bis 3 mal Pause	**4** Ich mache auf jeder Etage eine Pause

Können Sie einen Handstand machen?

1 Ja	**2** Nur kurz, dann kippe ich um	**3** Nein

Schaffen Sie 20 Liegestütze am Stück?

1 Ja, leicht	**2** Ja, mit großer Anstrengung	**3** Nein, weniger	**4** Ich schaffe höchstens 5 Liegestütze

Können Sie ohne Pause zwei Bahnen (100 m) im Schwimmbad kraulend zurücklegen?

1 Ja, leicht	**2** Ja, mit großer Anstrengung	**3** Nein, nicht zwei Bahnen	**4** Nein, ich schaffe nicht einmal eine Bahn

Können Sie bei durchgestreckten Beinen Ihre Füße berühren?

1 Ja	**2** Nein, es fehlt aber nicht viel	**3** Nein, ich komme nur etwa bis zu den Knien

Auswertung

Zählen Sie die Punkte zusammen.

13 bis 15 Punkte: Bravo! Sie sind fit. Weiter so.

16 bis 20 Punkte: Sie sind auf dem besten Wege, Ihre Fitness zu erhalten. Bauen Sie diese weiter auf!

20 bis 30 Punkte: Ihre körperliche Leistungsfähigkeit muss dringend aufgebaut werden. Am besten Sie fangen sofort an.

31 bis 43 Punkte: Sie leben ungesund! Sie sind körperlich wenig leistungsfähig und müssen dringend mit einer leichten Ausdauersportart ihr Herz-Kreislauf-System stärken. Suchen Sie sich am besten sofort eine Sportart aus unserer Übersicht aus, mit der Sie beginnen.

Checkliste: Welche Sportart liegt mir?

Wenn Sie sich nicht sicher sind, welche Sportart Sie bevorzugen, dann beantworten Sie folgende Fragen:

- Sind Sie eher der Einzelkämpfer und gerne unabhängig?
- Sporteln Sie gern in Gemeinschaft?
- Möchten Sie ungebunden überall Sport machen können?
- Freuen Sie sich über feste Zeiten?
- Möchten Sie an der frischen Luft bleiben?
- Fühlen Sie sich auch in einem geschlossenen Raum (Studio) wohl?
- Möchten Sie alleine Ihre Ziele im Auge behalten?
- Hätten Sie gern jemanden, der Ihre Aktivitäten verfolgt und Ihnen hilft, am Ball zu bleiben?
- Mögen Sie Ballsportarten? Welche?
- Mögen Sie Wassersportarten? Welche?
- Mögen Sie Extremsportarten? Welche?
- Mögen Sie Gesellschaftstanz?
- Mögen Sie Gerätetraining?
- Mögen Sie Mannschaftssportarten?

Wenn Ihnen jetzt klar ist, in welche Richtung Sie sich sportlich betätigen möchten, dann suchen Sie sich aus dem großen Angebot die Sportart heraus, die Sie anspricht. Probieren Sie diese aus. Schreiben Sie ein Sporttagebuch, planen Sie Ihre Sportzeiten oder verabreden sich fest mit einem Partner. Dies alles hilft Ihnen durchzuhalten – mit Freude am Sport!

Viel Erfolg!

Verwendete Literatur

[1] Stephanie Barth, Ernährungsmedizin, Elsevier GmbH, Urban&Fischer, 1. Auflage 2009, S. 54

[2] C. Voelcker-Rehage, B. Godde, U.M. Staudinger: Bewegung, körperliche und geistige Mobilität im Alter. Springer Medizin Verlag 2006

[3] ebenda

[4] Grossarth-Maticek, R.: Selbstregulation, Autonomie und Gesundheit: Krankheitsrisiken und soziale Gesundheitsressourcen im sozio-psycho-biologischen System. Berlin 2002

[5] Ann Gibbons: Aus dem Topf in den Kopf, Süddeutsche Zeitung, 16.06.2007

[6] Richard Wrangham, Feuer fangen – Wie uns das Kochen zum Menschen machte – eine neue Theorie der menschlichen Evolution, Deutsche Verlags-Anstalt, 2009

[7] Nationale Verzehrstudie, 2007

[8] ebenda

[9] Deutsche Gesellschaft für Ernährung: Haysche Trennkost ist als langfristige Ernährungsform nicht zu empfehlen; aus: DGE-special 02/98 vom 21. April 1998

[10] Zusammenfassung Nestlé-Studie, Institut für Demoskopie Allensbach, die Gesellschaft für Konsumforschung (GfK), Ipsos Deutschland sowie Icon Kids&Youth 2011

[11] ebenda

[12] ebenda

[13] ebenda

[14] ebenda

[15] Peter Konopka: Sportmedizin. BLV Buchverlag GmbH&CoKG, 2009, S. 44

[16] ebenda, S. 44

[17] ebenda, S. 41

[18] Stephanie Barth: Ernährungsmedizin, Elsevier, Urban&Fischer, 1. Auflage 2009

[19] ebenda

[20] ebenda

[21] ebenda

[22] ebenda

[23] ebenda

[24] ebenda

[25] Jürgen Vormann, Christina Wiedemann: Lebensmittel-IQ, Gräfe&Unzer, 2009

[26] Andrea Flemmer: Nervennahrung, Schlütersche Verlagsges., 2. Auflage 2011

[27] Jürgen Vormann, Christina Wiedemann: Lebensmittel-IQ, Gräfe&Unzer, 2009

[28] ebenda

[29] ebenda

[30] Ingrid Kiefer, Wolfgang Lalouschek: Stressfood, Kneipp, 1. Auflage 2009

[31] Jürgen Vormann, Christina Wiedemann: Lebensmittel-IQ, Gräfe&Unzer, 2009

[32] Peter Konopka: Sporternährung, BLV Buchverlag, 12. Auflage 2009

[33] Ingrid Kiefer, Wolfgang Lalouschek: Stressfood, Kneipp, 1. Auflage 2009

[34] Deutsche Gesellschaft für Ernährung: Nachhaltigkeit in der Ernährung – Arbeitstagung der DGE vom 21.–22. September 2011 in Bonn. DGEinfo (11/2011)

[35] ebenda

[36] http://www.dge.de/modules.php?name=Content&pa=showpage &pid=25, Stand 10.7.2014

[37] Silke Foth-Reiter, Wilfried Reiter: Powerfood, Ernährungstipps für Menschen im Stress, Kösel 2004

[38] ebenda

[39] ebenda

[40] Philip G. Zimbardo, Richard J. Gerrig: Psychologie, Pearson Studium, 16. Auflage 2004

[41] ebenda

[42] Holmes, Rahe: The Social Readjustment Rating Scale. In: Journal of Psychosomatic. Vol. 11, Nr. 2, 1967

[43] Richard S. Lazarus: Emotion and Adaptation. Oxford University Press, New York 1991 und Richard S. Lazarus: Stress and Emotion. A new Synthesis. Free Association Books, London 1999

[44] Ingrid Kiefer, Wolfgang Lalouschek: Stressfood, Kneipp, 1. Auflage 2009

[45] ebenda

[46] ebenda

[47] ebenda

[48] ebenda

[49] Christian Nawrath, Dipl.-Psychologe, Zeit Online, 27. September 2011

[50] Ernst Pöppel, Beatrice Wagner: Je älter desto besser. Überraschende Erkenntnisse aus der Gehirnforschung, Gräfe und Unzer, 2. Auflage 2011

[51] Meike Henning, Deutscher Olympischer Sportbund (DSO), zitiert in: Power Napping, 2011

[52] Jürgen Zulley, Schlafforscher, Prof. für Biol. Psychologie an der Universität Regensburg, zitiert in: Power Napping, 2011

[53] Ingrid Kiefer, Wolfgang Lalouschek: Stressfood, Kneipp, 1. Auflage 2009

[54] Stiftung Deutsche Depressionshilfe: www.deutsche-depressionshilfe.de

[55] Claudia Fiedler, Ilse Goldschmid: Burnout – Erprobte Wege aus der Falle, C.H. Beck 2010

[56] ebenda

[57] C. Maslach, W.B. Schaufeli, M.P. Leiter: Job Burnout. In: Annual Review of Psychology, 2001, sowie C. Maslach und J. Goldberg: Prevention of burnout: New perspectives. In: Applied Preventive Psychology 7, 1998

[58] Ingrid Kiefer, Wolfgang Lalouschek: Stressfood, Kneipp, 1. Auflage 2009

[59] Johannes Siegrist et al.: The measurement of effort-reward imbalance at work: European comparisons. In: Social Sience and Medicine, Vol. 58, 2004

[60] Claudia Fiedler, Ilse Goldschmid: Burnout – Erprobte Wege aus der Falle, C.H. Beck 2010

[61] ebenda

[62] Herbert Freudenberger, Gail North: Burnout bei Frauen, Freiburg, 1992

[63] Philip G. Zimbardo, Richard J. Gerrig: Psychologie, Pearson Studium, 16. Auflage 2004

[64] Lazarus, 1981; 1984b in: Philip G. Zimbardo, Richard J. Gerrig: Psychologie, Pearson Studium, 16. Auflage 2004

[65] Charles Carver, M.F. Scheier & J. Weintraub: Assessing coping strategies: A theoretically based approach. Journal of Personality and Social Psychology, 56, 267-283, 1989

[66] Charles Carver, M.F. Scheier & J. Weintraub: Assessing coping strategies: A theoretically based approach. Journal of Personality and Social Psychology, 56, 267-283, 1989

[67] Philip G. Zimbardo, Richard J. Gerrig: Psychologie, Pearson Studium, 16. Auflage 2004

[68] ebenda

[69] Philip G. Zimbardo, Richard J. Gerrig: Psychologie, Pearson Studium, 16. Auflage 2004 sowie Lazarus&Folkman, 1984

[70] Ingrid Kiefer, Wolfgang Lalouschek: Stressfood, Kneipp, 1. Auflage 2009

[71] John Medina: Gehirn und Erfolg, 12 Regeln für Schule, Beruf und Alltag, Spektrum Akademischer Verlag, 2009

[72] Seiwert, Müller, Laback-Noeller: 30 Minuten Zeitmanagement für Chaoten, GABAL, S. 15

[73] John Medina: Gehirn und Erfolg, 12 Regeln für Schule, Beruf und Alltag, Spektrum Akademischer Verlag, 2009

[74] Ernst Pöppel, Beatrice Wagner: Je älter desto besser. Überraschende Erkenntnisse aus der Gehirnforschung, Gräfe und Unzer, 2. Auflage 2011

[75] ebenda

[76] ebenda

[77] ebenda

[78] ebenda

[79] Marco Demuth: „Hirnforschung. Mehr Gehirnzellen durch regelmäßigen Sport?" auf MensHealth.de, 28.11.2005

[80] Britta Hölzel: Eine betörende Flucht aus der Gedankenflut. In: Gehirntraining. Die Benutzung des Kopfes, Karl Blessing, 1. Auflage 2010

[81] ebenda

[82] Raphaela Baur: „Meditation schult Aufmerksamkeit", auf MensHealth.de, 22.11.2011

[83] Ulrich Ott zitiert von Holger Fuß in: Achtsamkeit verändert das Gehirn, stern.de, 2011

[84] Britta Hölzel: Eine betörende Flucht aus der Gedankenflut. In: Gehirntraining. Die Benutzung des Kopfes, Karl Blessing, 1. Auflage 2010

[85] ebenda

[86] ebenda

[87] ebenda

[88] ebenda

[89] Wolf Singer: Das Abenteuer unseres Bewusstseins. In: Gehirntraining, Die Benutzung des Kopfes, Karl Blessing, 1. Auflage 2010

[90] Edzard Ernst: „Vorbeugen mit Tai-Chi" in stern.de

[91] Birgit Herden: Die Macht der Musik in: Zeitwissen 01, 2012

[92] ebenda

[93] Clyde Kluckhohn: Values and value-orientation in the theory of action: An exploration in definition and classification. In: T. Parsons & E. Shils: Toward a General Theory of Action. Cambridge/Mass.: Harvard University Press, S. 388-433, 1951

[94] ebenda

[95] John Williams Atkinson: Motivational determinants of risk-taking behavior. In: Psychological Review. 1957, 64 (6), S. 359–372

[96] Philip G. Zimbardo, Richard J. Gerrig: Psychologie, Pearson Studium, 16. Auflage 2004

[97] ebenda

[98] J.P. Tangney, R.F. Baumeister, A.L. Boone: High Self-Regulation Predicts Good Adjustment, Less Pathology, Better Grades, and Interpersonal Success. In: Journal of Personality, Vol. 72, No. 2, 2004

[99] Albert Bandura: Self-Efficacy: Towards an Unifying Theory of Behavioral Change. Psychological Review, 1977, 84 (2), S. 191-215

[100] Philip G. Zimbardo, Richard J. Gerrig: Psychologie, Pearson Studium, 16. Auflage 2004

[101] D.G. Myers: Psychology, New York 2004, S. 330 f.

[102] D.C. McClelland: Achievement motivation in relation to achievement-related recall, performance, and urine flow, a marker associated with release of vasopressin. In: Motivation and Emotion. Volume 19, No. 1, 1995

[103] Stefanie Demann: „30 Minuten Selbstcoaching", GABAL Verlag, Offenbach, 2009

[104] Jens B. Asendorpf & Neyer, F. J.: Psychologie der Persönlichkeit, Springer, 2012

[105] Friedemann Schulz von Thun: Miteinander reden 2 – Stile, Werte und Persönlichkeitsentwicklung. Differentielle Psychologie der Kommunikation. Rowohlt, 1989

[106] Jens Asendorpf, Psychologie der Persönlichkeit, Springer, 4. Auflage 2007

[107] Martin Hautzinger: Depression im Alter, BeltzPVU, 2000

[108] Wolfram Schultz: Wie sich Neuronen entscheiden. In: Zukunft Gehirn. Ein Report der Max Planck Gesellschaft, C.H. Beck, 2011

[109] ebenda

[110] ebenda

[111] Markus Hofmann: Hirn in Hochform, Carl Überreuter, 2009

[112] Ernst Pöppel, Beatrice Wagner: Je älter desto besser. Überraschende Erkenntnisse aus der Gehirnforschung, Gräfe und Unzer, 2. Auflage 2011

[113] ebenda

[114] Ernst Pöppel, Beatrice Wagner: Je älter desto besser. Überraschende Erkenntnisse aus der Gehirnforschung, Gräfe und Unzer, 2. Auflage 2011

[115] Philip G. Zimbardo, Richard J. Gerrig: Psychologie, Pearson Studium, 16. Auflage 2004

[116] ebenda

[117] ebenda

[118] Ernst Pöppel, Beatrice Wagner: Je älter desto besser. Überraschende Erkenntnisse aus der Gehirnforschung, Gräfe und Unzer, 2. Auflage 2011

[119] ebenda

[120] ebenda

[121] Ernst Pöppel, Beatrice Wagner: Je älter desto besser. Überraschende Erkenntnisse aus der Gehirnforschung, Gräfe und Unzer, 2. Auflage 2011

[122] Klaus Wilhelm: Wie uns das Gehirn bewegt. in: Max Planck Forschung, Heft 1, 2007

[123] Wolf Singer: Das Abenteuer unseres Bewusstseins, in: In: Gehirntraining. Die Benutzung des Kopfes, Karl Blessing, 1. Auflage 2010

[124] Mark Hübner, Rüdiger Klein: Elektrisch aktiv. In: Zukunft Gehirn, Ein Report der Max Planck Gesellschaft, C.H. Beck, 2011

[125] ebenda

[126] ebenda

[127] Ernst Pöppel, Beatrice Wagner: Je älter desto besser. Überraschende Erkenntnisse aus der Gehirnforschung, Gräfe und Unzer, 2. Auflage 2011

[128] Angela Friederici: Lebenslanges Lernen – das ist wie eine Muskelübung. In: Gehirntraining. Die Benutzung des Kopfes, Karl Blessing, 2010

[129] ebenda

[130] Donald Olding Hebb: The organization of behavior. A neuropsychological theory. Erlbaum Books, Mahwah, N.J. 2002, (Nachdruck der Ausgabe New York 1949)

[131] Gerd Kempermann: Bewegt euch und ihr werdet klüger. in: Gehirntraining. Die Benutzung des Kopfes, Karl Blessing, 2010

[132] Frank Schirrmacher: Fangen wir an, gut über unser Gehirn zu denken. In: Gehirntraining. Die Benutzung des Kopfes, Karl Blessing, 2010

[133] Ernst Pöppel, Beatrice Wagner: Je älter desto besser. Überraschende Erkenntnisse aus der Gehirnforschung, Gräfe und Unzer, 2. Auflage 2011

[134] Gerald Hüther: Ohne Gefühl geht gar nichts! Vortrag, Auditorium Netzwerk, 2014

[135] John Medina: Gehirn und Erfolg, 12 Regeln für Schule, Beruf und Alltag, Spektrum Akademischer Verlag, 2009

[136] Bettina Pfleiderer et al.: Integration of gender-specific aspects into medical curricula – status quo and future perspectives, GMS Z Med Ausbild., 2012

[137] John Medina: Gehirn und Erfolg, 12 Regeln für Schule, Beruf und Alltag, Spektrum Akademischer Verlag, 2009

[138] Robert Plomin: Es gibt kein Zentrum für unsere Intelligenz. In: Gehirntraining, Die Benutzung des Kopfes, Karl Blessing, 2010

[139] ebenda

[140] Onur Güntürkün, Vorlesungsfolie Biochemie 1, Uni Münster, 2011

[141] Philip G. Zimbardo, Richard J. Gerrig: Psychologie, Pearson Studium, 16. Auflage 2004

[142] nach Howard Gardner in: Philip G. Zimbardo, Richard J. Gerrig: Psychologie, Pearson Studium, 16. Auflage 2004

[143] Daniel Golemann: EQ. Emotionale Intelligenz, DTV, 2. Auflage 1997

[144] John Medina: Gehirn und Erfolg, 12 Regeln für Schule, Beruf und Alltag, Spektrum Akademischer Verlag, 2009

[145] Ernst Pöppel, Beatrice Wagner: Je älter desto besser. Überraschende Erkenntnisse aus der Gehirnforschung, Gräfe und Unzer, 2. Auflage 2011

[146] ebenda

[147] Nicole Becker: Reißt eure Zeitfenster zum Lernen auf! In: Gehirntraining, Die Benutzung des Kopfes, Karl Blessing, 2010

[148] Martin Korte, Tobias Bonhoeffer: Wie wir uns erinnern. In: Zukunft Gehirn. Ein Report der Max Planck Gesellschaft, C.H. Beck, 2011

[149] John Medina: Gehirn und Erfolg, 12 Regeln für Schule, Beruf und Alltag, Spektrum Akademischer Verlag, 2009

[150] ebenda

[151] ebenda

[152] Wolf Singer: Das Abenteuer unseres Bewusstseins. In: Gehirntraining, Die Benutzung des Kopfes, Karl Blessing, 1. Auflage 2010

[153] Ernst Pöppel, Beatrice Wagner: Je älter desto besser. Überraschende Erkenntnisse aus der Gehirnforschung, Gräfe und Unzer, 2. Auflage 2011

[154] Wolf Singer: Das Abenteuer unseres Bewusstseins. In: Gehirntraining, Die Benutzung des Kopfes, Karl Blessing, 1. Auflage 2010

[155] Martin Korte, Tobias Bonhoeffer: Wie wir uns erinnern. In: Zukunft Gehirn, Ein Report der Max Planck Gesellschaft, C.H. Beck, 2011

[156] Philip G. Zimbardo, Richard J. Gerrig: Psychologie, Pearson Studium, 16. Auflage 2004

[157] Ernst Pöppel, Beatrice Wagner: Je älter desto besser. Überraschende Erkenntnisse aus der Gehirnforschung, Gräfe und Unzer, 2. Auflage 2011

[158] John Medina: Gehirn und Erfolg, 12 Regeln für Schule, Beruf und Alltag, Spektrum Akademischer Verlag, 2009

[159] ebenda

[160] ebenda

[161] ebenda

[162] John Medina: Gehirn und Erfolg, 12 Regeln für Schule, Beruf und Alltag, Spektrum Akademischer Verlag, 2009

[163] Deutscher Turner-Bund (Hrsg.): Gehirntraining durch Bewegung, Meyer&Meyer, 2014

[164] Claudia Voelcker-Rehage, Ben Godde, Ursula M. Staudinger: Bewegung, körperliche und geistige Mobilität im Alter. Springer Medizin Verlag, 2006

[165] Stephen Gielen, Rainer Hambrecht: Cardiovascular Aging – Fate or Consequence of Physical Inactivity? Vortrag JCLL Coloquium, 2009

[166] Claudia Voelcker-Rehage, Ben Godde, UrsulaM. Staudinger: Bewegung, körperliche und geistige Mobilität im Alter. Springer Medizin Verlag, 2006

[167] Arch Intern Med 170, 2010, 711, zitiert nach Ärzte-Zeitung, 28. April 2010, S. 2

[168] Claudia Voelcker-Rehage, Ben Godde, Ursula M. Staudinger: Bewegung, körperliche und geistige Mobilität im Alter. Springer Medizin Verlag, 2006

[169] ebenda

[170] Zitiert nach „Laufen, bis der Blutdruck sinkt!", S. Schwarz, M. Halle, MMW-Fortschr. Med., Nr. 47/2006 (148. Jg.), S. 29 ff.

[171] Sabine Schaefer: The Interplay of Cognition and Motor Functioning across the Lifespan, Max Planck Institute for Human Developement, Berlin, Vortrag, 2010

[172] John Medina: Gehirn und Erfolg, 12 Regeln für Schule, Beruf und Alltag, Spektrum Akademischer Verlag, 2009

[173] Claudia Voelcker-Rehage, Ben Godde, Ursula M. Staudinger: Bewegung, körperliche und geistige Mobilität im Alter. Springer Medizin Verlag, 2006

[174] ebenda

[175] ebenda

[176] ebenda

[177] Sonia Lippke, Claus Vögele: Sport und körperliche Aktivität, in: Gesundheitspsychologie, Springer-Lehrbuch, 2006

[178] Deutscher Turner-Bund (Hrsg.): Gehirntraining durch Bewegung, Meyer&Meyer, 2014

[179] John Medina: Gehirn und Erfolg, 12 Regeln für Schule, Beruf und Alltag, Spektrum Akademischer Verlag, 2009

[180] Sonia Lippke, Claus Vögele: Sport und körperliche Aktivität, in: Gesundheitspsychologie, Springer-Lehrbuch, 2006

[181] Fitnesstest angelehnt an: Symptomat.de. Das Medizin-Lexikon für Ihre Gesundheit

[182] www.dge-medienservice.de

[183] Eigene Darstellung, inhaltlich angelehnt an Wikipedia

[184] Positionspapier der Deutschen Gesellschaft für Psychiatrie, Psychotherapie und Nervenheilkunde zum Thema Burnout

Index

Weitere Stimmen zum Buch

Thema und Inhalt dieses Buches sind sehr relevant für unsere Wirtschaft: Nur Menschen, die ihr eigenes Leben in Einklang mit den Anforderungen von Beruf und Familie bringen, können mit Freude und Erfolg eine überdurchschnittliche Leistung bringen. Niemand wird alles erfüllen, das in diesem Buch steht – das ist auch nicht nötig. Die eigene Umsetzung der Tipps muss aber herausfordernd sein. Unsere Wirtschaft braucht für die Bewältigung der Herausforderungen fitte Führungskräfte und Mitarbeiter, die täglich neue Impulse setzen.

Prof. Thomas Bauer, Bauunternehmer und Präsident des Hauptverbands der deutschen Bauindustrie, Vizepräsident des BDI

In diesem Buch finden wir eine Menge guter Vorschläge, etwas zu tun, was uns persönlich nutzt und unserem Umfeld. Ich wünsche mir, dass es viele Menschen lesen und davon profitieren!

Wolfgang Bayer, Siemens AG, Healthcare, Customer Solutions Division

Fitness und Leistungsfähigkeit sind sowohl Eigenschaft, als auch Kompetenz. Was man wissen muss, um diese Kompetenz aufzubauen, findet man in diesem Buch.

Ernst Biesalski, Leiter Personalentwicklung, EnBW

Dieses Buch richtet sich nicht an wahnhafte Selbstoptimierer – im Gegenteil. Es ist ein Buch für alle, die gesund und leistungsfähig sein möchten, seien es Mitarbeiter, Manager, Betriebsräte, Ärzte, Trainer oder Ehepartner. Sachlich und ohne den erhobenen Zeigefinger schildern die Autoren Sachverhalte und Zusammenhänge und geben kerngesunde Denkanstöße.

Jens Bormann, Geschäftsführender Gesellschafter der buw Unternehmensgruppe und bekennender Modern-multioptionaler Ernährungstyp (s. Seite 23)

Das Buch ist ein wichtiger Beitrag in einer Diskussion, die oft zu einseitig geführt wird: Die Voraussetzungen für stabile Fitness und Leistungsfähigkeit sind vielfältig und gehen über rein physische Aspekte weit hinaus. Deshalb ist die Lektüre gerade auch für Entscheider und Führungskräfte in Unternehmen sinnvoll. Betriebliches Gesundheitsmanagement muss mehr sein als Rückenschule oder gesundes Kantinenessen. Entscheidend ist ein ganzheitlicher Ansatz, um langfristig Erfolge zu erzielen.

Dr. Sören Eichhorst, Leiter des McKinsey Hospital Instituts

Das Buch ist ein Plädoyer dafür, bewusster mit seiner Energie umzugehen und mehr für sich selbst zu tun. Damit richtet es sich insbesondere an diejenigen unter uns, die bisher zu wenig Zeit für sich und ihre „Wellness" aufbringen.

Gabriele Freytag, Direktorin an der Führungs-Akademie des Deutschen Olympischen Sportbundes

Das Buch zeigt wunderschön ganzheitliche Wege zur Fitness auf. Sehr zu empfehlen für gesundheitsbewusste Menschen, die mehr wollen als Körperkult und Diätkriege.

Oliver Gassmann, Professor für Innovationsmanagement (am Institut für Technologiemanagement) an der Universität St. Gallen

Wir neigen dazu, die Belastung zu unterschätzen, der wir im täglichen Berufsleben ausgesetzt sind – schließlich spüren wir die Folgen meist erst mit deutlicher Verzögerung. Umso wichtiger ist es, sich schon früh an den Regeln und Ratschlägen zu orientieren, die in diesem Buch beschrieben sind.

Dr. Eva Gattnar, Siemens AG, Healthcare Consulting

Es ist schön, zu arbeiten und Erfolg zu haben. Doch das geht auf Dauer nur gut, *wenn man auf sich achtet und rechtzeitig merkt, wann die Batterie wieder aufgeladen werden muss. Damit Körper, Geist und Seele zu ihrem Recht kommen. Nur dann bleiben wir gesund. Und nur dann können wir auch anderen Menschen um uns herum gerecht werden, Kollegen, Freunden und vor allem der Familie.*

Petra Gerster, Moderatorin und Buchautorin

Den einzig richtigen Weg zur Gesundheit gibt es nicht, aber viele richtige Schritte. Und wer sich über diese kompakt informieren will, wird bei der Lektüre zahlreiche Anregungen finden, Körper und Seele Gutes zu tun und damit den ganz persönlichen Weg zu beschreiten.

Dr. Petra Gurn, Betriebliches Gesundheitsmanagement, ArcelorMittal Bremen

Eine spannende Zusammenfassung, wie wir unsere mentalen und körperlichen Fähigkeiten optimieren (lernen) können – auf neuestem Stand, geistreich und mit vielen praktischen Beispielen

Dr. Max Happel, Leibniz-Institut für Neurobiologie, Magdeburg, und Dept. of Physiology, Anatomy and Genetics, University of Oxford

Als Universitätspräsident bin ich rund um die Uhr beschäftigt. Dieser Job bedeutet Hochleistungsmanagement. Im Kreise meiner Familie und in der Musik finde ich Ruhephasen. Seit Kindertagen spiele ich Orgel, ein Instrument, das wie kein zweites den ganzen Menschen fordert. Diese völlig andere Art der Anstrengung gibt mir neue Energie. Ich rate jungen Menschen immer wieder, sich eine intensive Betätigung im Sport, in der Kultur oder der Musik zu suchen, neben der fachlichen Ausbildung – ganz im Sinne dieses Buches. Nur so bleiben wir fit und offen für Neues.

Prof. Dr. Wolfgang A. Herrmann, Präsident der Technischen Universität München

Die Stärkung und lebenslange Pflege der individuellen Gesundheit benötigt einen Fahrplan – hier erhalte ich wertvolle und praxisnahe Impulse und Informationen, um die Reise erfolgreich zu beginnen – oder fortzusetzen!

Thomas Holm, Leiter Gesundheitsmanagement, Techniker Krankenkasse

Tagtäglich stehen wir vor größeren oder kleineren Herausforderungen in Beruf und Familie, die es zu bewältigen gilt. Dabei kümmern wir uns häufig viel zu wenig um die dafür erforderlichen körperlichen und vor allem mentalen und emotionalen Voraussetzungen, kurz: unsere Fitness. Dieses Buch inspiriert, sich diesem wichtigen Thema zu nähern und ganz individuelle Zugänge zu entwickeln.

Dr. Joh. Christian Jacobs, Vorstand Jacobs AG und Präsident der Jacobs Foundation

Wer dieses Buch liest und das präsentierte Wissen für sich umsetzt, verbessert seine beruflichen Aussichten und erhöht die Chancen auf persönliche Zufriedenheit.

Eric Kearney, Professor für Führung, Organisation und Personal, Universität Potsdam

Endlich ein Buch, in dem auch emotionaler und mentaler Fitness der gebührende Platz eingeräumt wird! Es bietet einen guten Ansatz, das Leben zu gestalten, ohne gleich alles auf den Kopf zu stellen.

Prof. Kathrin M. Möslein, Lehrstuhl für Wirtschaftsinformatik I – Innovation und Wertschöpfung an der Friedrich-Alexander-Universität Erlangen-Nürnberg sowie Mitglied im Direktorium des Center for Leading Innovation & Cooperation (CLIC) an der HHL Leipzig Graduate School of Management

Wer Gutes tut, muss mit sich selbst im Reinen sein. Es verlangt Mut, doch man muss lernen, auch mal nein zu sagen! Das Dreieck unseres Seins, welches das Buch ganzheitlich anspricht, muss gut behütet werden: Körper, Geist und Seele. Nur so werden wir in der Zukunft optimal funktionieren können!

Dr. Auma Obama, Mitglied im Board of Trustees der Jacobs-Stiftung

Das Buch besticht durch das umfassende Verständnis von Fitness und Gesundheit sowie durch die fundierten praktischen Ratschläge. Für jeden eine wichtige Hilfe zur Gewinnung eigener guter Lebens-Balance, aber auch für alle, die Verantwortung für Dritte tragen, damit individuelle

Gesundheit und gesunde Organisation sich ergänzen und gegenseitig stärken!

Arnold Picot, Professor für Information, Organisation und Management an der Ludwig-Maximilians-Universität München

Ein innovativer und umfassender Ansatz und viele Tipps, die leicht umsetzbar sind, machen dieses Buch sehr lesenswert.

Frank Piller, Professor für Technologie- und Innovationsmanagement, RWTH Aachen

Geist und Körper gesund zu erhalten, war schon für die Römer eine große Herausforderung. Es bleibt dem Leser zu wünschen, dass er sie mit Hilfe der vielen in diesem Buch zusammengetragenen Anregungen einfacher bewältigen möge.

Prof. Andreas Pinkwart, Rektor der HHL Leipzig Graduate School of Management

Dauerhaft Spitzenleistungen zu bringen stellt Mitarbeiter und Führungskräfte vor große Herausforderungen. Hier bedürfen sie der Unterstützung durch 'ihr Unternehmen', durch Personalreferenten ebenso wie durch die Vorgesetzten. Das hier vorgelegte Buch gibt wertvolle Anregungen für alle Beteiligten, wie sie diese Herausforderungen meistern können.

Prof. Sabine Rau, Lehrstuhl für Familienunternehmen, WHU – Otto Beisheim School of Management, Vallendar und Düsseldorf

Hochleistung erfordert körperliche, emotionale und mentale Fitness. Dieses praktische Buch versteht Fitness als ganzheitliche Herausforderung und bietet den Lesern handfeste Ratschläge zur Verbesserung ihrer Leistungsfähigkeit.

Winfried Ruigrok, Dean der Executive School of Management, Technology & Law sowie Professor und Direktor der Forschungsstelle für Internationales Management an der Universität St. Gallen

Das Buch ist gut, denn es skizziert eine längerfristige Perspektive für Höchstleistung und hilft uns, Nachhaltigkeit in unser Streben nach Leistungsfähigkeit zu integrieren. Davon profitiert nicht nur jeder persönlich, sondern auch unser Gesundheitssystem und die Gesellschaft insgesamt.

Jonas Schreyögg, wissenschaftlicher Leiter des Hamburg Center for Health Economics

und Professor für Management im Gesundheitswesen an der Universität Hamburg

Gesundheit ist auch ein strategisches Gut, mit dem wir planvoll umgehen sollten. Dieses Buch zeigt, wie einfach es sein kann, die Initiative in diese Richtung für sich selbst zu ergreifen.

Lars Schweizer, Professor für Strategisches Management an der Universität Frankfurt am Main

Menschen, die etwas bewegen wollen, brauchen ganzheitliche Fitness, um leistungsfähig zu bleiben, egal in welcher Branche. Das „integrative Fitnessbuch" gibt wichtige Tipps, wie man diesen Zustand erreicht und beibehält.

Niels Van Quaquebeke, Professor of Leadership and Organizational Behavior an der Kühne Logistics University in Hamburg

Ein Buch voll praktischer Tipps für ein gesünderes Leben, für das man indes seine persönliche Balance suchen und finden muss.

Sascha Spoun, Präsident der Leuphana Universität Lüneburg, Gastprofessor an der Universität St. Gallen

Ich wünsche diesem Buch eine Menge Leser, denn darin steht vieles, was ihnen gut tun könnte – für körperliche Gesundheit, zur Kompensation von Stress und für das seelische Gleichgewicht.

Rolf Specht, Geschäftsführender Gesellschafter der Residenz-Gruppe, Unternehmer des Jahres 2010 in Bremen

Fitness ist auch eine soziale Aufgabe, die der Information im beruflichen und privaten Kreis bedarf. Dafür liefert das Buch einen praktisch gut umsetzbaren Einstieg in die Themenwelt der Fitness.

Sascha Stolzenburg, Leiter Development, Career Service & Student Affairs an der Hertie School of Governance, Berlin

Dieses Buch ist etwas für Menschen, die pragmatisch und unangestrengt Verantwortung für ihre Gesundheit übernehmen wollen.

Ulrich Walter, Gründer der Bio-Marke Lebensbaum

Weitere Stimmen zum Buch

Danksagung

Wir sind außerordentlich dankbar, dass wir an der Jacobs University Bremen zu diesem spannenden Thema arbeiten und forschen dürfen. Der Dank gilt diesbezüglich insbesondere den Mitarbeitern des Jacobs Center for Lifelong Learning and Institutional Development (JCLL). Speziell möchten wir der Jacobs Stiftung und deren Vorstandsvorsitzendem Dr. Christian Jacobs für die finanzielle Förderung des JCLL und der Jacobs University danken, in deren Rahmen die Förderung der Forschung auf höchstem Niveau ermöglicht wurde. Ursula Staudinger, dabei für die Unterstützung als Gründungsdekanin des JCLL, nun Gründungsdirektorin des Columbia Aging Centers an der Columbia University, New York.

Bei der Bundesagentur für Arbeit (BA) danken wir für die Unterstützung der gemeinsamen Studien zum Thema Resilienz der Obersten und Oberen Führungskräfte der BA und der gemeinsamen Entwicklung des Engagement-Index. Dabei insbesondere Frank-Jürgen Weise, Vorsitzender des Vorstands, Michael Kühn, Geschäftsführer Personal/Organisationsentwicklung, Dr. Beatrix Behrens, Bereichsleiterin Personalentwicklung.

Wir danken für den wissenschaftlichen und inhaltlichen Input auch beim Korrekturlesen des Manuskripts: Im Bereich Gehirnforschung Prof. Dr. Manfred Fahle, Prof. Dr. Ben Godde, Dr. Max Happel, Prof. Dr. Claus Hilgetag, Prof. Dr. Andreas Kreiter, Prof. Dr. Dr. Wolf Singer. Im Bereich der Bewegungswissenschaften Prof. Dr. Sonia Lippke und Prof. Dr. Claudia Voelcker-Rehage. Im Bereich der Ernährungswissenschaften Ökotrophologin Brigitte Neumann und Dr. Dagobert Völpel. Im Bereich der Praxis Dr. med. Christian Gravert, Leiter Gesundheitsmanagement, Leitender Arzt, Deutsche Bahn AG. Für das Feedback beim Korrekturlesen danken wir Fabiola Gerpott, Daniela Gutermann, Jörg Schumann und Krishna Viswanathan.

Besonderer Dank gilt auch unseren Familien und Freunden, die wir wegen dieses Buchprojektes über einen beträchtlichen Zeitraum vernachlässigten. Wir danken ihnen für die große Nachsicht, Geduld und Unterstützung.

Zuletzt geht ein spezieller Dank an unseren Verleger, Dr. Gerhard Seitfudem, für seine kompetente redaktionelle Beratung und außergewöhnliche Unterstützung.

Sven Voelpel und Anke Fischer

Christian Holzer

Unternehmenskonzepte zur Work-Life-Balance

Ideen und Know-how für Führungskräfte, HR-Abteilungen und Berater

2013, 247 Seiten, 11 Abbildungen, gebunden
ISBN 978-3-89578-424-8, € 34,90

Christian Holzer bietet authentische Modelle und mehr als 400 praktische Tipps zur Work-Life-Balance, untermauert durch Praxisbeispiele aus Coachings, Beratungen und eigener Führungserfahrung – ein Ideenpool für soziale Nachhaltigkeit, Employer Branding und Personalentwicklung.

Mario Pricken

Die Aura des Wertvollen

Produkte entstehen in Unternehmen, Werte im Kopf. 80 Strategien

2014, 252 Seiten, 100 farbige Grafiken, gebunden
ISBN 978-3-89578-438-5, € 39,90

„Die Aura des Wertvollen" ist gleichzeitig ein Innovationsbuch für kreative Vordenker aus Produktentwicklung, Marketing, Design, Events oder der Kunst sowie Lesestoff für diejenigen unter uns, die wertvolle Dinge schätzen und verstehen wollen, was diese Produkte zu etwas Besonderem macht.

**Ausgezeichnet mit einem Award of Excellence beim
5. International Creative Media Award 2014**

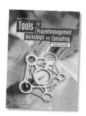

Nicolai Andler

Tools für Projektmanagement, Workshops und Consulting

Kompendium der wichtigsten Techniken und Methoden

5., wesentlich überarbeitete und erweiterte
Auflage, 2013, 488 Seiten, gebunden
ISBN 978-3-89578-430-9, € 49,90

Das erfolgreiche Standardwerk bietet ihnen eine umfassende Sammlung der wichtigsten Tools und zeigt, wann man welches Tool einsetzt und wie man es anwendet.